JN295427

逆発想で身につく
前置詞トレーニング

鬼塚幹彦 著
Mikihiko Onizuka

研究社

はしがき

　本書は、英語学習者の多くが苦手としている分野である「前置詞」を、初級者でも楽に習得できることを目指したトレーニングブックです。本書のユニークな点は、日本語の助詞を出発点にしているところです。そこから、サブタイトルは「逆発想で身につく」としました。

　とくに近年、「英語は英語で理解しよう」といったことが言われていますが、日本人学習者にとっては、日本語を出発点にしたほうが効率的であることは明らかです。ただ、その点を考慮した前置詞の体系的な学習書はまだないようです。これが執筆動機の1つでした。

　中学校から英語を学ぶことで、前置詞と助詞との対応関係や微妙な違いに気づき、「てにをは」の重要性を実感した人も多いことでしょう。そこがまさに前置詞学習のポイントなのです。

　また、「〜で」＝by〜、「〜の」＝of〜のように、なかば機械的に訳す癖がある人をよく見かけます。こういった誤りを防ぐためにも、日本語の助詞を柱にした整理法が有益です。それが前置詞学習の近道であることを、ぜひ本書で実感してください。そして、このように外国語との比較によって母語の特徴を知ることも、外国語学習の目的の1つだと私は考えています。

　なお、本書の英語表現は日本在住のイギリス人作家クリストファー・ベルトン先生にチェックしていただきました。また、私が長年抱いてきた考え方を本の形にできたのは、前置詞研究の動向に従来から関心を寄せられていた研究社の佐藤陽二氏のおかげです。心より感謝いたします。

　英語表現は、すぐに役立つという観点から厳選したものをそろえました。ですから、本書が前置詞学習の新たな視点を身につける手助けとなるだけではなく、ここに集めた英語表現を読者それぞれが活用していただければ、これほど嬉しいことはありません。

2011年　早春
鬼塚　幹彦

目　次

準備編 —— 1

前置詞学習の注意点 —— 2
in —— 3
at —— 4
on —— 4
of —— 6
with —— 7
by —— 8
for —— 9
to —— 11
from —— 12
out of と off —— 13
into —— 14
over —— 15
under/below/beneath/behind —— 16
above と beyond —— 17
up と down —— 18
against —— 19
along と through —— 20

目 次

トレーニング編 ── 23

第 1 章　「で」── 24
第 2 章　「に」と「へ」── 72
第 3 章　「を」── 122
第 4 章　「の」── 166
第 5 章　「が」── 186
第 6 章　「と」── 192
第 7 章　「から」── 198
第 8 章　「中(ちゅう)」── 204
第 9 章　「に対する」── 210
第10章　「上下」── 214
第11章　「あいだ(間)」── 218

準備編

ここでは、実際にトレーニングを始める前に、
どういった基準で
前置詞の「意味」を考えればいいかを解説します。
まず、それぞれのイメージをおおづかみにしてください。

前置詞学習の注意点

　前置詞の勉強法として、個々の前置詞をイメージでとらえる学習法があります。たとえば in は「枠」「囲い」「入れ物」のイメージ、at は「点」のイメージととらえます。

　shop *at* the convenience store（コンビニで買い物をする）では in ではなく at が普通ですが、in ならどうなるかといった疑問に対しては、本書でもイメージでとらえる視点を取り入れて説明しています。

　ただ、in や at ならこれでいいのですが、for を１つのイメージで理解するのは無理があります。手段にすぎない習得法に必要以上に固執することは避けたほうがいいでしょう。

　本書では、日本語を出発点にします。たとえば、「駅で」なら、at the station というつながりをまとめて頭に入れてしまうのが、本書の基本姿勢です。

　前置詞や副詞を含んだイディオムの習得に関しても同じことが言えます。たとえば、「背広を脱ぐ」は take off my suit、「（飛行機が）離陸する」も take off です。「背広」が「自分の身体」から分離していく状況と、「機体」が「陸地」から分離していく状況を重ねて理解していくアプローチで、これは大変有益な学習法です。

　しかし、有益なのはここまでです。take off the boss という表現を理解する場合、「上司」から「何」を分離するのかと考えても、正確な意味は導き出せません。これは「上司の物まねをする」という意味です。「特徴を上司から奪い取る」→「物まねをする」と理解するのも悪くありませんが、すべてこの調子で導いていては、手段と目的の関係を見失うことになりかねません。

　前置詞を正確に使いこなすことが最終目標なのですから、そのための手段については柔軟に対応していくことをおすすめします。

in

よく晴れた日に、自分が住宅地を歩いているところを想像してください。路上は、日差しが当たっている場所と建物で陰になっている場所とに分かれています。この「日なた」と「陰」の状態を表す前置詞が in です。「日なたに、この植木鉢を置く」は put this flowerpot *in* the sunlight となります。また、「日なたで居眠りする」も take a nap *in* the sunlight です。

「枠」「入れ物」

in は隣りと境界線がある「枠」「領域」を表します。たとえば、「1年で卒業する」の「1年で」は、今から1年後の未来への「枠」をイメージすることができます。そこで、in を用いて graduate *in* one year とします。冒頭では道という平面を考えましたが、空間的に考えれば入れ物がイメージできます。「空き缶をゴミ箱に捨てる」は throw away the empty can *in* the trash box です。

in が省略される場合

「2万円をこの背広に費やす」は spend 20,000 yen on this suit です。では、「日曜日を読書に費やす」はどうでしょうか。名詞 this suit の代わりに、reading（本を読むこと）を用いて spend Sunday (in) reading とします。ただし、in は省略するのが普通です。前置詞の中で**省略の可能性が極めて高いのが in** です。「枠」を基本イメージとするのが in なのですから、それが省略されるのは、枠をはめるのが嫌われやすいからかもしれません。

in の基本訳

in は「～の中で[に]」で意味が通ることもあります。でも、これを原則とすべきではありません。あらゆる in に対して最も有効な訳は、**「～において」**です。

上の in reading のように、in のあとに動名詞が続く組み合わせがあります。たとえば、in に driving（車を運転すること）を続けて in driving となる場合、「車を運転することの中で」と訳すと意味不明です。しかし、「車を運転することにおいて」なら、when you drive（あなたが車を運転するとき）に近いとわかります。

at

　列車の停車駅を表示する電光掲示板を想像してください。あるいは、鉄道路線図でもかまいません。電光掲示板に表示されている１つ１つの駅は「点」をイメージさせます。まさに「点」を示すのが at です。路線図で「○○駅」を指し示した場合も、そこは点をイメージさせます。「静岡駅に停車する」は at を用いて stop *at* Shizuoka Station となります。

領域と境界

　at と in の違いを考えましょう。in と違って、at は「点」をイメージさせるので、隣りの領域に接する境界線は浮かんできません。領域も感じません。他方、in の基本訳は「〜において」ですが、中核となる意味は「〜の中に」なので、境界や領域が存在します。

　空港も駅と同じです。「成田（空港）に着陸する」は land *at* Narita（Airport）です。「大阪（駅）に到着する」は arrive *at* Osaka（Station）ですが、arrive *in* Osaka とすれば、面積を有した大阪という都市に到着するという意味になります。「大阪に住む」なら live *in* Osaka です。

corner の意味

　at と in の違いがわかる例に日本語にもなっている名詞 corner があります。corner は、前置詞によって意味が変わります。put this desk *in* the corner なら「この机をすみに置く」ですが、drop you off *at* that corner なら「君をあのかどで車から降ろす」です。

at の基本訳

　at には in の「〜において」のように万能な基本訳はありませんが、**「〜で」「〜に」**が当てはまることが多いでしょう。

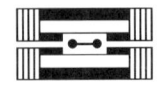

on

　自動車のアクセルを足で踏む状況を想像してください。このときの足とアクセ

ルとの関係が on です。「アクセルを踏む」は step *on* the accelerator です。足とアクセルは接触していて、相手に「何らかの力を与える」という状況です。「接触」は on の基本意味です。

「靴を踏まれて痛かった」にも on を用います。「靴を踏まれる」だけを取り出すと、step *on* my shoe となります。力が靴を履いた足に移動して、足の痛みを感じたという状況です。

抽象的に考えると

「壁のポスター」と言う場合、壁への力でポスターがくっついている状態ですから the poster *on* the wall となります。これは「ポスターが壁に依存している状態」と見ることもできます。「年金で暮らす」は「年金に依存して暮らす」ということですから live *on* a pension です。あとのほうが、on の基本意味である「接触」「依存」をより抽象化した on の使い方です。

「前向きで明るい」

「日曜日に外出する」は go out *on* Sunday 、「日曜の試合」も the game *on* Sunday です。カレンダーでは「日曜日」「月曜日」「火曜日」のように「日」が基本になっています。その日その日を1つの「舞台」だと、「舞台に姿を現す」が appear *on* the stage となることとあわせて、考えてください。

なお、stage は前の前置詞でその意味が変わります。appear *on* the stage のように on なら「舞台」です。それに対して、*in* [*at*] the stage のように、in か at になれば「段階」です。「舞台」は動きがあるもの、「段階」は静止しているものですから、そこから意味を導き出してください。

on の基本訳

go *on* Sunday（日曜日に行く）では on は「〜に」、a picture *on* the wall（壁の絵）では on は「〜の」です。a vase *on* the table（テーブルの花びん）の場合 on は「〜の上の」ですが、on がすべて「〜の上の」「〜の上で」と訳せるのではありません。

なお、on と upon は基本的に同じ意味だと考えてかまいません。

of

街角にある郵便ポストを思い出してください。「ポストの色」は the color *of* the mailbox となります。この of は属性を表します。郵便ポストとその属性である色とは、切っても切れない離れがたい関係にあります。

on との比較

年末年始には郵便ポストに年賀状の表示が貼られます。「ポストの貼り紙」は the notice *on* the mailbox です。the poster *on* the wall（壁のポスター）と同じ状況です。もしポストの色が赤から青に変われば別のポストになったように感じられるでしょう。これは属性の変化です。この点で on と of とを比べると、それぞれの特質がよくわかります。「〜の」が何でも of 〜になるのではありません。

重々しさ

「物理の先生」は名詞＋名詞の型を用いて a physics teacher と表現できます。a teacher *of* physics とすると、堅い表現になります。「○○大学の□□の教授」の2つの「の」はそれぞれ of と at です。「ケンブリッジ大学の物理学の教授」は a professor *of* physics *at* Cambridge University となります。「物理の先生」と「物理学の教授」とは同じことですから、両者を比べれば of の重々しさがわかります。これは of の切っても切れない関係から生じています。切っても切れない関係とはその事物の属性です。

of の基本訳

「〜の」「〜という」「〜に対する」が of の基本訳です。英文を解釈するときには、この順に当てはめてください。ただ、次のような場合は of を「〜を」と訳すので注意しましょう。

cure me *of* breast cancer 「私から乳ガンを奪ってくれる（→ 私の乳がんを治す）」
clear the street *of* snow 「道から雪を除去する（→ 雪かきをする）」
inform the insurance company *of* my medical history 「保険会社に病歴を知らせる」

「~という」と of

日本語の文章では「~という」は頻繁に使われます。「~という」に of を用いるかどうかの明確な基準はありません。

以下、実例を見てみましょう。

【of が不要な例】
the word peace 「平和という言葉」
the name Kennedy 「ケネディーという名前」
the year 2000 「2000 年という年」
the color red 「赤(という)色」

【of が必要な例】
the concept of peace 「平和という概念」
the act of writing 「書くという行為」
the experience of working part-time 「バイトをするという経験」

with

万年筆（fountain pen）を手にしている状況を表す前置詞は with です。「万年筆で書く」は write *with* a fountain pen です。同じように、「ドライヤーで髪を乾かす」は dry my hair *with* a drier、「タオルで手を拭く」も dry my hands *with* a towel となります。

「手」→「で」

先の例では「万年筆」「ドライヤー」「タオル」を「手」にしています。「て」の濁音「で」というつながりで覚えてみてはいかがでしょうか。

with は **having** だと考えるといいでしょう。たとえば「赤い表紙の本」は「赤い表紙を持っている」(having a red cover) ということですから、the book *with* a red cover と表現できます。また、「風邪で寝ている」は be sick in bed *with* a cold です。

人間関係の基本

NHK の子ども向け番組『おかあさんといっしょ』は "With Mother" です。「母と話す」なら talk *with* my mother です。「彼とデートする」なら have a date *with* him、「彼と交渉する」なら negotiate *with* him、「彼と協力する」なら cooperate [work] *with* him、「彼に賛成する」なら agree *with* him となります。

人間関係の基本は with と覚えてください。「君たちといると楽しい」は enjoy being *with* you です。have の根本にあるのは「〜と関わる」です。with＝having という定義がここでも生きてきます。

with の基本訳

「〜と一緒に」「〜に関して」「〜で(＝〜を手に持って)」が with に広く当てはまる訳です。「〜に関して」は having 〜（〜と関わって）、「〜で」は using 〜（〜を使って）と考えるとわかりやすいことがあります。

by

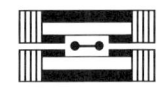

あなたが誰かの横に立っているところを想像してください。両者のあいだの状態を表すのが by です。両者は接触してはいません。距離があって、いわば切れている状態です。*Stand By Me* というアメリカ映画で描かれているのは、登場人物のあいだの「距離」でした。by の切れているは Good-by の by からも推察できるでしょう。

順番に当てはめる

by me は、私「によって」いるが、私とは「切れている」、私「の手前」、ということです。この順に例をあげて検証します。「父にほめられる」は「父によってほめられる」ことですから be praised *by* my father です。「布をメートル単位で売る」はメートルごとに切ってということだから sell the cloth *by* the meter です。「9 時までに戻る」は「9 時に寄っていくが、9 時の手前で、9 時とは差がある」状態のことで、get back *by* 9:00 となります。

受動態と by

be praised *by* my father（父にほめられる）は受動態で、ほめる主体である父が by で示されています。それに対して、「その知らせに驚かされる」は be surprised *at* the news となります。「その知らせ」は主体ではなく、こちらに対して自らの力を行使する「人」のような存在ではありません。ともに日本語でも似通った表現で、英語では受動態であるのに、使われる前置詞が異なる点に注意しましょう。

by の基本訳と注意点

by の基本の訳は**「～によって」**です。すでに見たように、「～よって」を少し広げて解釈するのが最も有益な方法です。ただ、「電車で帰宅する」を「電車によって帰宅する」と考え go home *by* the train とすると、「その電車の側(そば)を帰宅する」の意味になります。

「～で」に by を当てるのはいいのですが、正しくは go home *by train* です。train を無冠詞にしなくてはなりません。間違う人が多いので留意してください。

for

for には解説をやや大目に割きます。最初はいくつかの具体的な事例で for の用法を身につけ、その具体例から、徐々に for に対する一般的な意味を自分の中で作り上げてください。具体から抽象へというプロセスで解説します。

For ～「～行き」

列車に表示されている「～行き」は英語で For ～です。たとえば、「逗子行」は For *Zushi*、「安土行」は For *Azuchi* です。

for の一般的な特徴として、次の3つがあります。

(1) for は気持ちを先へ向かわせる。
(2) for の後ろに来るものは、まだ現実になっていない。
(3) for の後ろに来るものは「主」「顔」になる。

(3)がわかりにくいでしょうから、あとで説明します。

for の後ろは見えないもの

for には一種の抽象性がつきまといます。

先の列車の例でも、プラットホームからは行き先自体は見えておらず、頭の中のイメージとして存在します。逗子に行ったことがない人が For Zushi（逗子行き）という表示を見ると、「逗子とはいったいどんな駅だろう」という思いをはせるでしょう。これも for の「先へと向かわせる」という性質から生じています。

私たちは listen に続く前置詞が必ず to だと思いがちです。たしかに「ラジオを聴く」は listen to the radio、「彼の言うことに耳を傾ける」は listen to him ですが、for が来る場合もあります。listen for a strange sound は「変な音がしないかと耳をそばだてる」です。この場合、音は聞こえていません。

また、listen for the doorbell は「玄関のベル（がなっているかどうか）に耳をすませる」ということで、玄関のベルは聞こえていません。check for spelling mistakes とすれば「スペリングの誤りがあるかどうかをチェックする」という意味で、スペリングの誤りは見つかっていません。「このグラスのヒビが入っているかどうかチェックする」も check this glass for cracks となります。基本イディオムの look for ～（～を探す）も同じように考えることができます。

「交換」

for の基本は**「交換」**で、具体的な状況では交換でほぼ理解できます。

たとえば、「この本を 500 円で買う」は、本と 500 円を交換することです。buy this book for 500 yen となります。同じ状況で「この本に 500 円を払う」は pay 500 yen for this book です。「ぼくの野球カードと君のカードを交換する」は exchange my baseball cards for yours です。また、「～の代講」「～の代理」「～の代診」などは「～との交換」と言い換えられます。たとえば「リチャード先生の代講」は a substitute for Mr. Richard です。

「(鳩は)平和を象徴する」は stand for peace です。言葉は実態と交換できる形で存在しているのですから stand for ～ となります。「犬を意味する dog」は dog for inu と表現できます。犬と dog が意味のレベルで同価値にある（＝交換できる）ということです。

「5 月にしてはむし暑い」は It is hot and humid for May. です。「君は年のわりに若く見える」は You look young for your age. です。「5 月」→「蒸し暑い」、「君

の年齢」→「若い」のように意味が特定されます。形容詞は主観的で意味の範囲があいまいになりがちですが、このように基準を示すことで客観化できます。

「主」「顔」とは？

説明を後回しにした(3)についてです。

For *Niigata*（新潟行き）といった表示は、電車やバスの前面ではなくドア側になされます。もし前に表示するのであれば、単に Niigata とだけ表示するはずです。なぜ For *Niigata* という表示は側面にあるのでしょうか。それは、プラットフォームやバス停で電車やバスを待っている人々に、その列車やバスの「顔」（＝前の面）の情報を伝えるためです。

a substitute *for* Mr. Richard（リチャード先生の代講）の「代講」はあくまで「代理」です。「主」になる人物は for のあとに来ます。

to 不定詞の意味上の主語

To solve this problem is difficult.（この問題を解くのは困難だ）に 2 語を足して「私がこの問題を解くのは困難だ」という意味の英文にしてください。

正解は For me to solve this problem is difficult. です。この英文は、to do の直前に for ～入れると～は do の意味上の主語になる、という文法ルールに支えられています。そもそも主語とは、その文の「顔」であり、ここでは動詞の主語で、いわば動詞の「顔」です。

for の基本訳

「～のため(に)」が最も適用範囲の広い訳語です。「～行き」→「～のほうへ」→「～を求めて」と考えるのもいいでしょう。「彼にお金をくれと頼む」の「～を(くれと)」は「～を求めて」ということで、ask him *for* money となります。「彼にもっと詳しく教えてくれと(→ より多くの情報を)頼む」は ask him *for* more information です。

to

ウインタースポーツのカーリングで、ストーンが氷上を移動していく様子を想像してください。あるいは、ボーリングのボールがピンに向かっていくところで

もいいでしょう。この動きを表すのが to です。

「～へ行く」

「江ノ島に釣りに行く」は「江ノ島において釣りをしに行く」ということですから、go swimming in Enoshima です。あるいは go swimming at Enoshima でもかまいません。これを go swimming to Enoshima とすると、カーリングのストーンやボーリングのボールのように、「江ノ島までずっと泳いで行く」ことになるので不適切です。

to の基本訳

to は→（矢印）の意味でほぼ解釈できますが、基本訳としては**「対」**と**「～に」「～へ」**を覚えてください。

to と toward

toward を分解すれば to＋ward になります。基本的には to と同じです。ただし、to がまっすぐな矢印だとすれば、toward は波線の矢印だと言えます。

walk *to* school（学校に歩いて行く）は学校まで歩いて到着したことを表します。walk *toward* school（学校に向かって歩く）は、学校の方向へ歩いていることを表し、学校に到着したことは含まれません。

from

左から右へ流れる 1 本の線をイメージしてください。そして、その線の上に 2 つの点を置きます。左側の点を大阪、右側の点を東京としましょう。「大阪から東京へ」は *from* Osaka *to* Tokyo です。The Beatles に *From Me To You* という曲がありますが、これも私という出発点とあなたという終点を示しています。このように、from は to と密接な関係にあります。

空間から時間へ

上で「空間」について考えたので、次に「時間」について考えます。ただし、考え方は同じで、「1945 年から 2000 年まで」が from 1945 to 2000 となります。「5 時から 10 時までバイトをする」は work part-time from 5:00 to 10:00 です。

from のあとは「別世界」

「あなたと違う」は different *from* you です。上の、from Osaka to Tokyo や from 5:00 to 10:00 と同じで、from は始点や基準点を示します。「あなたと違う」は「と」によって「私」と「あなた」を分けています。「あなたは私には見えない世界にある」ということです。

「彼女から〜を買う」は buy 〜 *from* her です。同様に、「自動販売機で缶ジュースを買う」は buy a can of juice *from* the vending machine とできます。この場合、売り手の顔が見えません。from を使うと、相手の顔が見えないということが暗示されることがあるのです。

「木でできた机」は a desk made *of* wood ですが、「ペットボトルでできた制服」は a uniform made *from* plastic bottles です。制服からペットボトルを見ることができません。材料は of、原料は from と覚えている人が多いでしょうが、要するに、**もとになったものが見えるか見えないか**の問題です。

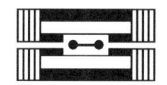

out of と off

from と out of と off はすべて「〜から」と訳せます。それを踏まえた上で違いを見ていきましょう。

out of と from

カバンの中から本を取り出すところを想像してください。「カバンの中から本を取り出す」は take a book *out of* my bag です。この out of を from とすることもできますが、意味の重点が変わってしまいます。

out of は空間的なものから飛び出す場合です。先に見たように from はカバンのような空間である必要はありません。from が to と関連が強いのに対して、out of は to との強い関連はありません。

on と off

「壁のポスター」は the poster on the wall でした。「壁からはがれる」は come *off* the wall となります。「(シャツのボタンが)外れる」が come off となるのも、come off (the shirt) と補って考えればわかります。

off は力をもらっている状態(on)から離脱する(off)ことです。つまり on の反対の意味を表します。「雨が降ったりやんだりする」は rain on and off、「ピアノの練習をしたりしなかったりする」は practice the piano on and off となることもあわせて覚えておきましょう。

of と off

of との関係で off を考えましょう。離れがたい関係を示す of のあとに **f** を足せば off になります。1 文字を足すことで**「離れがたい関係から離れる」**と考えます。たとえば、「靴下を脱ぎっ放しにする」ことは、kick *off* my socks の off で表現できますが、足と靴下の離れがたい関係を切る感じが表現できます。

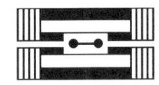

into

in+to

in は **in＋to** ですから、in と to で考えたことを組み合わせれば、into が理解できます。

「別のもの」

「カボチャを馬車に変える」は change the pumpkin *into* a horse carriage、「(おたまじゃくしが)カエルに変わる」は turn [change] *into* a frog です。

このように、into のあとには**「別のもの」**や**「別の世界」**が続きます。「赤ん坊の精神の研究[調査]」は research *into* the mind of babies で、research into ～(～の研究[調査])のようにも使えます。

out of と into

「ツメをかむくせがつく」は get *into* the habit of biting my nails です。そして、「ツメをかむくせがなくなる」は get *out of* the habit of biting my nails です。

この例で into と out of の対比関係がわかります。すぐに「くせ」はつくが、なかなか抜けられません。into は入りやすさを表し、out of は出にくさを表します。障害物競走の長い袋に入っていく様子が into、袋から出てくる様子が out of のイメージです。

out of も into との関係で見直せば、特徴がはっきりします。「彼女を説得してその考えをやめさせる」は talk her *out of* the idea です。その「考えの世界」から彼女を引っ張りだす感じです。その逆、「彼を説得して彼女と結婚させる」は talk him *into* marrying her です。

into と onto

onto はなじみがない人が多いでしょう。「床に落ちる」を fall *into* the floor としてしまうと、「床の中に入り込んでしまう」ことになり不適切です。床に接着した状態になるので、fall *onto* the floor です。

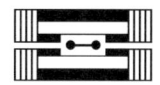

over

陸上のハードル競技を想像してください。「ハードルを越える」は clear the hurdle ですが、get *over* the hurdle とも表現できます。

次に、小さなイスの向こう側に跳び越えていくところを想像してください。「イスを越えていく」は go *over* the chair です。「跳び箱を跳ぶ」は jump *over* the vaulting horse です。少し抽象化して、「風邪が治る」を get *over* my cold とするのも、基本的に同じ考え方です。風邪の状態を跳び越えて元気になるわけです。

on との比較

over には接着の意味が含まれるとは限らない点が on との大きな違いです。「私のイスの背もたれにかけているジャケット」は my suit *over* the back of my chair で、この例では接着しジャケットが背もたれを覆っています。*over* 200 yen は「200 円より高い」（＝more than 200 yen）を意味し、200 円は含みません。つまり、over 200 yen は 200 yen に接着しないということです。on にはこの用法はありません。

ドキドキ感

「よじ登って壁を越える」は climb *over* the wall、「箱根の山を越える」は go *over* the mountains in Hakone です。これらの例からわかるように、over には**ドキドキ感**のようなものがあります。

テーブルをはさんで 2 人が向かい合っているところを想像してください。この

状況で「〜を食べながら」「〜を飲みながら」は over で表すことができ、「コーヒーを飲みながら友人と話す」は talk with a friend *over* coffee と表現できます。この表現には、人間関係の緊張感において言葉がコーヒーの上を越えていく感じがあります。

「晩酌する」は drink [have a drink] *with* dinner (at home) ですが、独りで飲む場合でも「自分との対話」という意味を重視するのであれば、with を over に代えて表すこともできます。

beyond との比較

「〜を越えて」と訳す点で beyond と over には共通点がありますが、はっきりとした違いがあります。たとえば「物価統制」は「物価への支配力」と考えて、the control *over* prices と表現できます。この over を beyond にすることはできません。覆うように越える over と違って、beyond は越えた先に重点があります。

なお、beyond については above との比較でも考えます。

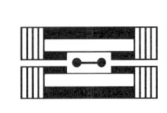

under/below/beneath/behind

「下」の前置詞

ここでは under と below と beneath を中心に見ます。それぞれの違いを明確にしておきましょう。

under

公園でキャッチボールをして、ボールがベンチの下に入ってしまいました。このボールの位置を表すのに使うのが under で、「ベンチの下のボール」は the ball *under* the bench です。いわば、ボールがベンチの支配下に入ったかのような状態です。この**「支配下」**の感じも under にはあります。「この教授の下で論文を書く」は write a paper *under* this professor とできます。

below

飛行機の窓から下の景色を見ているところを想像してください。「飛行機の下の家」は the houses *below* the plane です。below を under にすると、飛行機の支配下に入ったようになるので不適切です。below には飛行機と家の無関係性が含まれます。

behind と beneath との共通点

behind は「〜の後ろに」、beneath は「〜の下に」なので、無関係のように感じますが、共通点もあります。be(ある) + hind [後ろ] / neath [下] というスペリングの類似点に気づいたでしょうか。

「ドアの後ろに隠れる」は hide *behind* the door です。それに対して、the emotion *beneath* the surface「表面の下の感情」は隠されたものを感じさせ、心理分析や精神分析が連想されます。さらに、*beneath* the Olympics mood なら「オリンピックムードの下」というよりは、その裏に隠されているものの存在を示唆します。

beneath は**「陰」「裏」**の意味を感じる点で behind と似ています。

above と beyond

above と beyond は全く異なる意味を持つ前置詞なのですが、その違いを理解していない人が意外と多いので、まとめて取り上げます。

below と above

above と below は対立関係にあります。たとえば、「海抜 100 メートル」は 100 meters *above* sea lever で、その反対の「海面下 100 メートル」は 100 meters *below* sea level です。「平均より上」は *above* average で「平均より下」は *below* average です。

静と動

　プロ野球のファンサービスで、選手がスタンドにサインボールを投げ入れているところを想像してください。「フェンスの向こうへボールを投げる」は throw a ball *over* the fence です。over を above にはできません。すでに見たように、over にはドキドキ感が伴いますが、above にはこの感じはなく、over は「動」、above は「静」です。

上下と平面

　above/below が「上下」だとしたら、beyond は「平面」が基本で、平面から「範囲」へと展開します。範囲という意味では within ～（～以内）の反対の意味になります。そこから、意味は抽象的な展開をし、自分の能力・理解を超えている、の意味になります。

あの世

　「あの世（＝来世）」は the great *beyond* です。一般にこの beyond は名詞だと考えられています。ただ、the great *world* beyond *us*（私たちの理解力を超えた偉大な世界）の world と us が省略されたと考えることもできます。名詞であれ前置詞であれ、この表現は beyond の一面をよく物語っています。

up と down

　道を歩いているところを想像してください。「道を歩く」の「を」を down にする場合と up にする場合について検討します。日本語の「アップ」と「ダウン」の意味も生かして考えます。

中心へ近づく

　「道を歩く」を walk *up* the street とした場合、2つのことが考えられます。まず、アップという日本語からも推測できるように、坂道を上っている状況です。「川を船で上る」は sail *up* the river です。
　walk *up* the street は「自分のほうへ向かって道を歩いてくる」という意味も表せます。中心（＝自分）へ向かっていることが表現されています。

中心から離れる

up が中心へ近づくことであれば、down は中心から離れることです。「道を歩く」を walk down the street とすれば、up の方向が逆になるだけです。「坂道を下る」という意味と、「自分から離れる」です。

道を尋ねられて「この道をまっすぐ歩く」と相手に伝える場合、walk straight down the street とします。中心から離れる感じは、遠方へ指を差して相手に説明しているところを想像すればわかりやすいでしょう。同じように、廊下に立っていて down the hall と言えば「廊下の向こうのほう」という意味です。廊下が傾斜しているのではありません。

緊張とその解除

坂道を登るとき「坂の上には何があるのだろう」とドキドキするように、up にはドキドキ感が伴います。逆に、down はその反対で、坂道を下るときの安堵感、いわば緊張感の解除があります。たとえば、go down from Oxford（オックスフォード大学を卒業する）には卒業への安堵感も伴っています。

up と upon

on と upon は基本的には同じ意味です。ただし、upon は up＋on ですから up の動きが on に加わり、動きや躍動感が感じられます。The summer vacation is almost upon kids.（子どもたちはもうすぐ夏休みだ）の upon を on にはできません。同じ理由で、昔話の冒頭に用いる Once upon a time（むかしむかし）の upon も on にはできません。

against

自分が壁にもたれかかっているところを想像してください。この状態で用いるのが against です。「壁にもたれかかる」は lean against the wall になります。

to と against

to と against は with と違いどちらも一方的な関係ですが、against の場合、to と違って「**抵抗する力**」が現れます。次の図が参考になるでしょう。

それぞれの矢印を延長してみましょう。どこまで行っても平行線で、2つの線が交わることはありません。「あなた(の意見)に反対である」は be *against* you ですが、これは「あなた(の意見)」と「私の意見」はどこまで行っても**かみ合わない**ことを示します。

with と against

with は「**共**」、against は「**反**」で、対立する意味を持っています。たとえば、「水の流れに沿って泳ぐ」は swim *with* the stream ですが、「水の流れに逆らって泳ぐ」は swim *against* the stream です。with が人間関係の基本の表現であることを思い出せば、「あなたの意見に反対だ」が be *against* you となるのも納得できます。

背景

「富士山を背景にして、彼女の写真を撮る」は take a photo of her *against* Mt. Fuji ですが、なぜそうなるかわかりますか。「壁にもたれかかる」は lean *against* the wall でした。壁にもたれている人を離れた位置から眺めると、その人が壁に接触しているかどうかはわかりません。その状態で写真を撮れば、「壁をバックに彼女の写真を撮る」が take a photo of her *against* the wall となることは理解できます。the wall を Mt. Fuji に代えれば、最初の表現になります。

along と through

along と through は、漢字で置き換えるのが意味と用法を理解する近道です。

along =「沿」

along は「沿(えん)」「沿(そ)って」の「**沿**」で理解できます。

たとえば、「阪急沿線に住む」は live *along* the Hankyu Line です。また、図書

館や書店の書棚の「本を探しながら移動する」ことは、look *along* the bookshelf for a book です。書棚に沿って移動しています。

through＝「通」

前置詞 through の理解に必要な漢字は 2 つあります。1 つめは**「通」**です。

「トンネルを通り抜ける」は go *through* the tunnel、「公園を歩いて通り抜ける」は walk *through* the park です。「彼のウソを見抜く」は see *through* his lies です。

「シースルー」は日本語にもなっています。see *through* は「目が通る」ということですが「やり通す」なら see it *through* です。「それを最後までやり通す」の意味になります。

なお、throughout は all through のことで「～を通してずっと」という意味です。「ずっと」を足して解釈します。

through＝「終」

もう 1 つ through に当てるべき漢字は終わるの**「終」**です。何かを通ったら、その何かが終わります。たとえば、「その雑誌を読むのが終わったら」は when you are through *with* the magazine です。「～が終わる」は be through with ～ ですが、with ～ がなくても「終わる」の意味が表現できます。

トレーニング編

ここでは、「逆発想トレーニング」として、
日本語の助詞から英語の前置詞の用法を考える訓練をします。
1つ1つ日本語の意味をしっかり考えながら、
当てはまる前置詞を入れてください。

preposition

第1章 「で」

最初に「で」を見てもらうのは、日本語の助詞と英語の前置詞の対応関係が「で」において最も明確に現れるからです。では、「で」に対応する前置詞を見ていきましょう。

交通手段

1. 電車で帰る＝go home (　　) train
   □□□

2. 最終電車で帰る＝go home (　　) the last train
   □□□

3. 車で駅まで行く＝go to the station (　　) car
   □□□

4. 彼の車で帰省する＝go home (　　) his car
   □□□

5. 車椅子で外出する＝go out (　　) a wheelchair
   □□□

6. 飛行機で札幌に行く＝go to Sapporo (　　) air
   □□□

7. 寝台車で札幌に行く＝go to Sapporo (　　) a sleeping car
   □□□

8. 7時の『のぞみ』で行く＝go (　　) the 7:00 Nozomi
   □□□

- go home by train（電車で帰る）
  ※後ろの名詞 train が無冠詞であることがポイント。たとえば by a train なら、「列車」が具体的にイメージできるから「電車のそばで」の意味になる。move by subway（地下鉄で移動する）も subway が無冠詞。

- go home on the last train（最終電車で帰る）
  ※ by なら「最終電車のそばで」の意味になる。

- go to the station by car（車で駅まで行く）
  ※ drive to the station なら「（自分が運転して）車で駅まで行く」の意味。

- go home in his car（彼の車で帰省する）
  ※ by だと「彼の車のそばで」となる。car が無冠詞でない点に注意。ex. stand by his car「彼の車のそばに立つ」

- go out in a wheelchair（車椅子で外出する）
  ※「車椅子」は周りに枠があるから in となる。

- go to Sapporo by air（飛行機で札幌に行く）
  ※ go to Sapporo by plane や fly to Sapporo と同じ。なお、in a plane なら「飛行機に乗って」で、機体がイメージされる。

- go to Sapporo on a sleeping car（寝台車で札幌に行く）
  ※ car が無冠詞ではなく、かつ「列車」だから on。ex. go in a rented car「レンタカーで行く」

- go on the 7:00 Nozomi（7時の『のぞみ』で行く）
  ※「新幹線で行く」は go by Shinkansen となる。

第1章「で」

9. 船で別府に行く＝go to Beppu (　　) ship

10. 船で保津川を下る＝go down the Hozu River (　　) a boat

通信手段・情報

11. 電話でピザを注文する＝order pizza (　　) phone

12. 電話で彼と話す＝talk with him (　　) the phone

13. ファクスで書類を送る＝send the document (　　) fax

14. 速達で手紙を送る＝send the letter (　　) express

15. 辞書でそれを調べる＝look it up (　　) the dictionary

16. 電話帳で店の番号を調べる＝look up the store's number (　　) the phone book

17. 新聞でそれを読む＝read it (　　) the newspaper

18. テレビで野球の試合を見る＝watch the baseball game (　　) TV

19. ラジオでそのニュースを聞く＝listen to the news (　　) the radio

通信手段・情報

・go to Bepppu by ship（船で別府に行く）
※ship が無冠詞。by sea も可。by the sea とすれば「海辺の［で］」の意味。ex. a cottage by the sea「海辺のコテージ」

・go down the Hozu River in a boat（船で保津川を下る）
※この状況の「(小)船」は「乗用車」と同様に考えられる。

☆一口コメント☆　ポイントは名詞の前の冠詞の有無です。以下にあげる例にも言えることですが、by のあとの名詞が無冠詞かどうかに注意してください。

・order pizza by phone（電話でピザを注文する）
※ポイントは phone が無冠詞であること。たとえば、by a phone なら不定冠詞 a の持つ働きで「電話」が具体化され「電話機のそばで」となる。

・talk with him on the phone（電話で彼と話す）
※ポイントは the で、over でもよいが、by だと「その電話機のそばで」になる。

・send the document by fax（ファクスで書類を送る）
※fax が無冠詞になる点に注意。なお、fax を動詞で用いれば fax you the document（あなたに書類をファックスする）となる。

・send the letter by express（速達で手紙を送る）
※「書留で」は by registered mail になる。いずれも無冠詞。

・look it up in the dictionary（辞書でそれを調べる）
※「辞書」を「情報を収容する入れ物」と考えればよい。

・look up the store's number in the phone book（電話帳で店の番号を調べる）
※「辞書」を「電話帳」に置き換えて考える。

・read it in the newspaper（新聞でそれを読む）
※「新聞で」「雑誌で」「本で」などは、「辞書で」の「で」と同じように in を用いる。

・watch the baseball game on TV（テレビで野球の試合を見る）
※on the stage（舞台で）の「舞台」を「テレビ」に置き換えて考えるとよい。

・listen to the news on the radio（ラジオでそのニュースを聞く）
※talk on［over］the phone（電話で話す）と同じように、over the radio でもよい。

20. NHKで生放送されるだろう＝will be broadcast live（　　　）NHK

文房具・筆記行為

21. 手で書く＝write（　　　）hand

22. 鉛筆で書く＝write（　　　）a pencil

23. 右手で書く＝write（　　　）one's right hand

24. ワープロで書く＝write（　　　）the word processor

25. 蛍光ペンで重要単語に印をつける＝mark important words（　　　）a highlighter

26. 赤インクで書く＝write（　　　）red ink

27. 大文字で書く＝write（　　　）capital letters

28. 画びょうでカレンダーを壁に留める＝put the calendar on the wall（　　　）thumbtacks

・will be (broadcast live) on NHK（NHK で生放送されるだろう）
※on は「で」に当たる前置詞。

☆一口コメント☆ 「インターネットで」は状況によっていろいろな表現があります。たとえば、through ～（～を通して）を用いて through the Internet や by way of ～（～経由で）を用いて by way of the Internet などです。また、buy a ticket online（ネットでチケットを買う）のように online を副詞として使うのもいいでしょう。

・write by hand（手で書く）
※名詞 hand は無冠詞。

・write with a pencil（鉛筆で書く）
※鉛筆を「手に持って」ということ。in pencil とすれと in red ink（赤インクで）と同じように「鉛筆という素材で」の意味になる。

・write with one's right hand（右手で書く）
※「右手」を道具とみなす。one's right hand の one's にも注意。

・write on the word processor（ワープロで書く）
※with the word processor でも間違いとは言えないが、「ワープロを手に持って」の意味が基本。

・mark important words with a highlighter（蛍光ペンで重要単語に印をつける）
※with a pencil（鉛筆を用いて）と同じ考え方。

・write in red ink（赤インクで書く）
※「赤インクを手に持って」は変だから with では不自然。「赤インクという状態」を表しているので in red ink になる。

・write in capital letters [capitals]（大文字で書く）
※in red ink と同じように考えよう。cf. write in Chinese characters「漢字で書く」

・put the calendar on the wall with thumbtacks（画びょうでカレンダーを壁に留める）
※pin up を動詞で用いて pin up the calendar on the wall でも「画びょうで」は表現できる。

第1章 「で」

29. 消しゴムで消す＝erase (　　　) an eraser　☐☐☐

30. セロテープで封筒をしっかり留める＝stick down the envelope (　　　) Sellotape　☐☐☐

言葉・音

31. 英語で話す＝speak (　　　) English　☐☐☐

32. ドイツ語で卒論を書く＝write one's graduation thesis (　　　) German　☐☐☐

33. 関西弁で話す＝speak (　　　) the Kansai dialect　☐☐☐

34. 南部なまりで話す＝speak (　　　) a Southern accent　☐☐☐

35. ジェスチャーで意志を伝える＝communicate (　　　) gesture　☐☐☐

36. イライラした素振りで部屋を出る＝leave the room (　　　) a gesture of impatience　☐☐☐

37. 手話で話をする＝talk (　　　) sign language　☐☐☐

・erase with an eraser（消しゴムで消す）
※画びょうと同じで、消しゴムを「手に持って」ということ。cf. draw a line with a ruler「定規で線を引く」

・stick down the envelope with Sellotape（セロテープで封筒をしっかり留める）
※ Sellotape はイギリスの商標で、Scotch tape はアメリカの商標。これらを動詞で用いて sellotape［scotch tape］the envelope としてもよい。

☆一口コメント☆ 「ホッチキスで」は with a staple ですが、staple を動詞で用いることもできます。「ホッチキスでこの書類を止める」は staple these documents together です。また、「道具の with」という言い回しは with＝having の関係から生じています。「〜を(道具として)手に持って」ということです。

・speak in English（英語で話す）
※「カタコト英語で話す」は speak in one's broken English となり、one's がないと「わざとカタコトで」の意味にとれることがある。

・write one's graduation thesis in German（ドイツ語で卒論を書く）
※ in English と同じ型。cf. read this work in the original language「原語でこの作品を読む」

・speak in the Kansai dialect（関西弁で話す）
※ in English（英語で）の「英語(English)」を「関西弁(the Kansai dialect)」に置き換える。

・speak with a Southern accent（南部なまりで話す）
※ with＝having なので、「彼には南部なまりがある」は He has a Southern accent. とする。

・communicate by gesture（ジェスチャーで意志を伝える）
※ by train（電車で）の train を gesture に置き換えて考える。gesture は動詞としても使える。ex. gesture him to come in「ジェスチャーで彼に入れと伝える」

・leave the room with a gesture of impatience（イライラした素振りで部屋を出る）
※「ジェスチャーを用いて」ということ。

・talk in sign language（手話で話をする）
※ English を sign language に置き換えて考えればよい。なお、by でも間違いではない。

第1章 「で」

38. 目覚ましの音で目が覚める＝wake up (　　) the sound of my alarm □□□

39. 『東京音頭』で踊る＝dance (　　) "Tokyo-ondo" □□□

40. この曲をヴァイオリンで弾く＝play this music (　　) the violin □□□

経済活動　その1

41. 100円で缶コーヒーを買う＝buy a can of coffee (　　) 100 yen □□□

42. ただでそれを手に入れる＝get it (　　) nothing □□□

43. 二束三文で中古車を買う＝buy the used-car (　　) a song □□□

44. 半額で液晶時計を買う＝buy the LCD watch (　　) half price □□□

45. 割引で入場券を買う＝buy the admission ticket (　　) a discount □□□

46. 現金で払う＝pay (　　) cash □□□

47. 100円玉で勘定を払う＝pay the bill (　　) 100-yen coins □□□

48. クレジットカードで払う＝pay (　　) credit card □□□

経済活動　その1

・wake up at the sound of my alarm（目覚ましの音で目が覚める）
※ at の「点」の意味が生きる例で、wake up at five（5時に目が覚める）とあわせて覚えるのもよい。

・dance to "Tokyo-ondo"（『東京音頭』で踊る）
※「〜に合わせて」の意味だから to（→）になる。ex. sing to Karaoke「カラオケで(＝に合わせて)歌う」

・play this music on the violin（この曲をヴァイオリンで弾く）
※「この曲をピアノで弾く」も play this tune on the piano となる。

☆一口コメント☆　「言葉で」は基本的には in を用います。言葉は自分の思考範囲を示す「枠」だと考えられます。

・buy a can of coffee for 100 yen（100円で缶コーヒーを買う）
※「缶コーヒー」と「100円」の交換。

・get it for nothing（ただでそれを手に入れる）
※「ゼロのものと交換に」と考える。for 100 yen（100円で）の 100 yen を nothing に代えればよい。

・buy the used-car for a song（二束三文で中古車を買う）
※ a song は almost nothing の意味。for nothing（ただで）と同じように考えよう。

・buy the LCD watch at half price（半額で液晶時計を買う）
※「値段で」の「で」は at と覚えよう。cf. go for 1,000 yen「1000円で売り出されている」

・buy the admission ticket at a discount（割引で入場券を買う）
※ buy at a discount (price) と補い「割引(された値段)でそれを買う」と考える。

・pay in cash（現金で払う）
※「現金の状態で」ということ。「現金を使って」と考えて with cash でも間違いではない。

・pay the bill in 100-yen coins（100円玉で勘定を払う）
※「100円玉の状態で」の意味。

・pay by credit card（クレジットカードで払う）
※ credit card が無冠詞である点に注意しよう。

第1章 「で」

49. 月賦で車を買う＝buy a car (　　　) a monthly installment plan

50. 低利で金を借りる＝borrow money (　　　) low interest

経済活動　その2　＊out of が入る (　　　) あり。

51. 一括で新車代を払う＝pay for the new car (　　　) one lump sum

52. つけで飲む＝drink (　　　) credit

53. 自腹で払う＝pay (　　　) one's own pocket

54. 株でもうける＝make money (　　　) the stocks

55. 年金で暮らす＝live (　　　) a pension

56. 妻の名義でアパートを借りる＝rent an apartment (　　　) one's wife's name

57. 有利な条件で契約する＝contract (　　　) favorable terms

58. 私が行くという条件で合意する＝agree (　　　) condition that I go

経済活動　その2

・buy a car on a monthly installment plan（月賦で車を買う）
※「月払い計画に基づいて」ということ。

・borrow money at low interest（低利で金を借りる）
※ in one's own interest（自分の利益で）と区別して覚えよう。

☆一口コメント☆　同じ行為なのに、「100円で（買う）」が for 100 yen、「定価で（買う）」が at the marked [listed/suggested/recommended] price であるのに戸惑いますが、price（値段）の有無に気をつければ間違えません。

・pay for the new car in one lump sum（一括で新車代を払う）
※「一括という状態で」ということ。

・drink on credit（つけで飲む）
※「社会的信用に基づいて」ということ。

・pay out of one's own pocket（自腹で払う）
※「自分自身の財布から」と考える。

・make money on the stocks [shares]（株でもうける）
※「株式市場で」も on the stock market となる。

・live on a pension（年金で暮らす）
※「年金に基づいて」「年金に頼って」ということ。ex. live on unemployment benefits「失業手当で暮らす」

・rent an apartment in one's wife's name（妻の名義でアパートを借りる）
※「妻の名前において」ということ。

・contract on favorable terms（有利な条件で契約する）
※「有利な条件に基づいて」ということ。terms は、on なら「条件」「関係」、in なら「観点」の意味。ex. in terms of economy「経済の観点で」

・agree on (the) condition (that) I go（私が行くという条件で合意する）
※ on (the) condition (that) [as long as/provided (that)] SV「…という条件で」。

35

59. 家主の承諾が条件でキッチンをリフォームできる＝can remodel the kitchen, subject (　　　) the landlord's approval

場所　その1

60. 渋谷でデートする＝have a date (　　　) Shibuya

61. 名古屋駅で停車する＝make a brief stop (　　　) Nagoya Station

62. 次の駅で乗り換える＝change trains (　　　) the next station

63. 成田空港で乗り継ぐ＝connect (　　　) Narita Airport

64. パン屋さんでパンを買う＝buy bread (　　　) the baker's

65. コンビニでおにぎりを買う＝buy rice balls (　　　) a convenience store

66. 自動販売機で缶コーヒーを買う＝buy a can of coffee (　　　) a vending machine

67. 次の角で右折する＝turn right (　　　) the next corner

68. 農場で働く＝work (　　　) the farm

場所　その1

・can remodel the kitchen, subject to the landlord's approval（家主の承諾が条件でキッチンをリフォームできる）
※ subject to のあとは名詞か動名詞。

☆一口コメント☆　「～を経費で落とす」は「～を控除されうる出費として申告する」と考え、前置詞 as を用いて、claim ～ as a deductible expense とします。

・have a date in Shibuya（渋谷でデートする）
※『有楽町で逢いましょう』は Let's meet [get together] in Yurakucho. となる。

・make a brief stop at Nagoya Station（名古屋駅で停車する）
※「駅」と at はセットで覚えよう。

・change trains at the next station（次の駅で乗り換える）
※ trains と複数形になる点も注意すること。cf. transfer at the next station「次の駅で乗り換える」

・connect at Narita Airport（成田空港で乗り継ぐ）
※「空港」も「駅」と同じ考え方。「成田に着陸する」も land at Narita となる。

・buy bread at the baker's（パン屋さんでパンを買う）
※「鉄道」と「駅」の関係を、「商店街」と「店」に置き換える。

・buy rice balls at a convenience store（コンビニでおにぎりを買う）
※ in を用いると、第三者がコンビニの外から中を見ているような状況。

・buy a can of coffee from a vending machine（自動販売機で缶コーヒーを買う）
※ buy it from a friend（それを友だちから買う）と同じ。自動販売機を場所ととらえれば at でも間違いとは言えない。

・turn right at the next corner（次の角で右折する）
※ corner は「角」なら at、「隅」なら in になる。

・work on the farm（農場で働く）
※「農場」を「舞台」のようにとらえる。cf. on the stage「舞台で」

第1章「で」

69. 畑で働く＝work (　　　) the fields

場所　その2

70. 日本で生まれ育つ＝be born and brought up (　　　) Japan

71. 愛知県で開催される＝take place (　　　) Aichi Prefecture

72. ロンドンの郊外に住む＝live (　　　) the suburbs of London

73. 海で泳ぐ＝swim (　　　) the sea

74. 砂浜で遊ぶ＝play (　　　) the beach

75. 山で遭難する＝get lost (　　　) the mountains

76. 琵琶湖の湖畔で週末を過ごす＝spend the weekend (　　　) Lake Biwa

77. 公園で花見をする＝enjoy the cherry blossoms (　　　) the park

78. 庭で野菜を栽培する＝grow vegetables (　　　) the garden

・work in the fields（畑で働く）
※「（～の）分野で」も in the field (of ～) となる。ex. He is famous in the field of biochemistry.「彼は生化学の分野で有名である」

☆一口コメント☆　「畑で働く」と「農場で働く」は前置詞が違います。英語の前置詞はあとに続く名詞との関連で決まります。ex. play on the school playing field「校庭で遊ぶ」

・be born and brought up in Japan（日本で生まれ育つ）
※「日本において」ということ。

・take place in Aichi Prefecture（愛知県で開催される）
※「愛知県」は境界を有する領域。

・live in the suburbs of London（ロンドンの郊外に住む）
※ outskirts（郊外）では on を使う。ex. live on the outskirts of Nagoya「名古屋の郊外に住む」

・swim in the sea（海で泳ぐ）
※空間的にとらえられた「海」のイメージ。「海面で」といった平面的なイメージのときは on を使う。

・play on the beach（浜辺で遊ぶ）
※「浜辺」は平面的にとらえられる。「浜辺」を「舞台」のように遊ぶところと考え、on the stage → on the beach と理解してもよい。

・get lost in the mountains（山で遭難する）
※ mountains と複数になることに注意。単数だと山のトンネルや穴の中にいるかのような意味になる。

・spend the weekend by Lake Biwa（琵琶湖の湖畔で週末を過ごす）
※「湖のそばで」から「湖畔」の意味が表現できる。beside でもよい。

・enjoy the cherry blossoms in the park（公園で花見をする）
※「公園」という領域の中と考える。

・grow vegetables in the garden（庭で野菜を栽培する）
※「庭」という領域の中と考える。「公園」と「庭」は同じようにとらえられる。

第1章「で」

79. 小さな島で開院する＝practice medicine（　　　）a small island

場所　その3

80. パーティで手品を披露する＝perform magic tricks（　　　）the party
81. 試験でカンニングをする＝cheat（　　　）the exam
82. 図書館で2冊借りる＝borrow two books（　　　）the library
83. 玄関で靴を脱ぐ＝take off one's shoes（　　　）the entrance
84. 改札口で君を待つ＝wait for you（　　　）the gate
85. 実業界で成功する＝succeed（　　　）business circles
86. 国際舞台で活躍する＝be active（　　　）the world stage
87. 最終段階で決裂する＝break down（　　　）the final stage
88. この点で異なっている＝be different（　　　）this respect

・practice medicine on a small island（小さな島で開院する）
※公園や庭と異なり、島は海という別次元のもので区切られているので、in を用いることはできない。

☆一口コメント☆ 「砂浜で砂遊びをする」は play in the sand on the beach や play with sand on the baeach と表現します。具体的状況を思い浮かべながら、この in と on の使い分けを味わいましょう。なお、「海辺で」は at the seaside か by the seaside です。

・perform magic tricks at the party（パーティで手品を披露する）
※「パーティ」と at はセットで覚えよう。

・cheat on [in] the exam（試験でカンニングをする）
※「試験で」を「能力を試す舞台で」と考えれば on で、「試験において」なら in になる。

・borrow two books from the library（図書館で2冊借りる）
※ borrow A from B（B から A を借りる）の形で、A が「借りる物」、B が「貸す主体」となる。

・take off one's shoes at the entrance（玄関で靴を脱ぐ）
※家の中の「玄関」と考える。全体の中の部分が at になる例。

・wait for you at the gate（改札口で君を待つ）
※駅の中の「改札口」と考える。全体の中の部分は at になる。

・succeed in business circles（実業界で成功する）
※ circles を world に置き換えることもできる。ex. in the business world「実業界で」

・be active on the world stage（国際舞台で活躍する）
※ on the stage（舞台で）をもとに考える。

・break down in [at] the final stage（最終段階で決裂する）
※ stage は on なら「舞台」、at や in なら「段階」の意味。

・be different in this respect（この点で異なっている）
※「この点において」ということ。なお、point を用いる場合、(×) in this point は間違い。on か at になる。

場所　その４

89. 中央高速(経由)で行く＝go (　　) way of the Chuo Expressway

90. 福岡の中心で暮らす＝live (　　) the center of Fukuoka

91. 道の真ん中でエンストする＝stall (　　) the middle of the street

92. ハチ公像の前で待つ＝wait (　　) front of the Statue of Hachiko

93. 教室の前のほうで講義を聞く＝listen to the lecture (　　) the front of the room

94. 市役所の手前で止まる＝stop short (　　) the City Hall

95. 階段の下で待つ＝wait (　　) the foot of the stairs

96. 富士山麓で暮らす＝live (　　) the foot of Mt. Fuji

97. 人前で手をつないで歩く＝walk hand in hand (　　) public

☆一口コメント☆ 「点」という日本語を聞くと point しか思いつかず、(×) in this point としてしまう人が多いようです。in と respect の組み合わせをしっかり覚えましょう。

・go by way of the Chuo Expressway（中央高速で行く）
※ via the Chuo Expressway も同じ意味。

・live in the center of Fukuoka（福岡の中心で暮らす）
※ある領域に「暮らす」と考えて in を用いる。「この円の中心で」は at the center of this circle。次は抽象化された at の使い方。ex. the problem at the center of the controversy「論争の中心問題、論争の核心になる問題」

・stall［have engine trouble］in the middle of the street（道の真ん中でエンストする）
※ in the middle of ～ は「～の真ん中で」の意味。時にも用いられる。ex. in the middle of April「4月の中旬に」

・wait in front of the Statue of Hachiko（ハチ公像の前で待つ）
※「～の真ん前で」なら強調の副詞 right を入れて right in front of ～ とする。

・listen to the lecture at the front of the room（教室の前のほうで講義を聞く）
※冠詞に注意。at the entrance「入口で」（全体と部分）と同じように考える。in front of ～ と区別すること。

・stop short of the City Hall（市役所の手前で止まる）
※ short of ～ で「～の手前で」の意味。「期待に達しない（＝期待の手前）」(fall short of one's expectations)」とあわせて覚えよう。

・wait at the foot of the stairs（階段の下で待つ）
※全体の中の部分なので at を用いる。cf. at the top of the stairs「階段の上で」

・live at the foot of Mt. Fuji（富士山麓で暮らす）
※全体における部分の at の例。「階段」を「富士山」に置き換える。

・walk hand in hand in public（人前で手をつないで歩く）
※反対は in private（他人のいないところで）である。

第1章 「で」

98. 社長の前で言いたいことを言う＝speak out (　　　) the presence of the president

数値

99. 日帰りで広島へ行く＝go to Hiroshima and back (　　　) a day

100. 5分で戻る＝get back (　　　) five minutes

101. 10分以内で問題を解く＝solve the problem (　　　) ten minutes

102. 2年で卒業する＝graduate (　　　) two years

103. 20歳で大学に入学する＝get into college (　　　) 20

104. 30代で留学する＝study abroad (　　　) one's thirties

105. 100度で沸騰する＝boil (　　　) 100 degrees

106. 100キロのスピードで走る＝run (　　　) a speed of 100

107. 全速力で通過する＝pass by (　　　) full speed

- speak out in the presence of the president（社長の前で言いたいことを言う）
  ※ in the presence of A（A がいるところで）と反対の in the absence of A は「A が不在で」の意味。ex. can't answer in the absence of the person in charge「担当者が不在で答えられない」

> ☆一口コメント☆　「教室の前のほうで」を in front of the classroom としがちですが、これは「教室の外で」という意味になります。全体の中の部分は at なので、at the front of the classroom です。

- go to Hiroshima and back in a [one] day（日帰りで広島に行く）
  ※「日帰りで」は「1 日で」→「1 日という枠で」ということなので in a [one] day とする。

- get back in five minutes（5 分で戻る）
  ※「5 分」を枠ととらえて in にする。for と間違えないこと。

- solve the problem within ten minutes（10 分以内で問題を解く）
  ※ in less than 10 minutes とほぼ同じ意味。

- graduate in two years（2 年で卒業する）
  ※「〈期間〉で」には in を用いる。

- get into college at 20（20 歳で大学に入る）
  ※年齢は at と組み合わせる。ex. at birth「生まれたときに」

- study abroad in one's thirties（30 代で留学する）
  ※ 31 歳から 39 歳までを 1 つの枠と考えている。

- boil at 100 degrees（100 度で沸騰する）
  ※温度計をイメージすれば、「数字」が点ととらえられていることがわかる。

- run at a speed of 100（100 キロのスピードで走る）
  ※「スピード」は at と組み合わせる。スピードメーターで速度が針で示されているのをイメージしよう。

- pass by at full speed（全速力で通過する）
  ※これも「スピード」は at と組み合わせる、の応用。

108. この割合で増える ＝ increase (　　) this rate

原因・理由　その1

109. 仕事で仙台へ行く ＝ go to Sendai (　　) business

110. 急用で出かける ＝ go (　　) urgent business

111. 休暇で留守である ＝ be away (　　) vacation

112. 遊びでハワイへ行く ＝ go to Hawaii (　　) pleasure

113. 肺がんで死ぬ ＝ die (　　) lung cancer

114. 不注意で転ぶ ＝ fall down (　　) carelessness

115. 過労でダウンする ＝ break down (　　) overwork

116. 不眠症で苦しむ ＝ suffer (　　) insomnia

117. 夜行バスの旅で疲れる ＝ get tired (　　) the night bus trip

118. 風邪で寝ている ＝ be in bed (　　) a cold

・increase at this rate（この割合で増える）
※「スピード」と同じく「割合」にも at を用いる。

☆一口コメント☆　『八十日間世界一周』の原題は Around the World in 80 Days です。「八十日間かけて世界を一周すること」です。「間」とあっても for ではないことに注意しましょう。

・go to Sendai on business（仕事で仙台へ行く）
※ on の動きや活躍の意味が「仕事」に合致する。

・go on urgent business（急用で出かける）
※ on business の応用例として覚えよう。

・be away on vacation（休暇で留守である）
※「休暇中」は on vacation。「～の途中で[に]」の意味の on を用いる。

・go to Hawaii for pleasure（遊びでハワイへ行く）
※ for のあとには好ましいことが続く。on business（仕事で）と for pleasure（遊びで）を対で覚えよう。

・die of lung cancer（肺がんで死ぬ）
※ because of ～（～のために）の because がない形と考えるとよい。

・fall down through carelessness（不注意で転ぶ）
※「不注意を通して」と考える。

・break down from overwork（過労でダウンする）
※「過労がもとで」→「過労から」と考える。ex. death from overwork「過労死」

・suffer from insomnia（不眠症で苦しむ）
※ from のあとに「長期に及ぶ問題」が続く。

・get tired from [after] the night bus trip（夜行バスの旅で疲れる）
※「旅がもとで」と考えるなら from、「旅のあとで」と考えるなら after となる。

・be in bed with a cold（風邪で寝ている）
※「風邪と一緒に」と考える。with＝having から導く。

第1章「で」

原因・理由　その2　＊out of が入る（　）あり。

119. 義務感で残業する＝work overtime（　　）a sense of duty

120. 自らの自由意志で出社する＝go to the office（　　）one's own free will

121. 正月の準備で忙しい＝busy（　　）the preparations for the New Year period

122. 雪の重みで崩壊する＝collapse（　　）the weight of snow

123. 喜びで飛び上がる＝jump（　　）joy

124. 喜びで気も狂わんばかりである＝be beside oneself（　　）joy

125. ネックレスを衝動で買う＝buy a necklace（　　）impulse

126. 出来心で行動する＝behave（　　）the spur of the moment

127. 寒さで震える＝shiver（　　）cold

128. その美しさで有名である＝be famous（　　）its beauty

☆一口コメント☆　suffer ～ は「～に見舞われる」「～をこうむる」の意味で、時間の長さが感じられないのに対し、suffer from ～ には「～に長期的に苦しむ」の意味があります。

・work overtime out of a sense of duty（義務感で残業する）
※「義務感から」ということ。from でも間違いではない。

・go to the office of one's own free will（自らの自由意志で出社する）
※ out of から out が省略されたと考える。

・busy with the preparations for the New Year period（正月の準備で忙しい）
※「準備を抱えて」ということ。having＝with から考える。動名詞が続く場合は前置詞は用いない。ex. be busy cleaning up the house「家の掃除で忙しい」

・collapse under the weight of snow（雪の重みで崩壊する）
※ under の基本意味は「支配されている」である。

・jump for joy（喜びで飛び上がる）
※ jump for joy とセットで覚える。with になる場合もある。ex. shout with joy「喜んで叫ぶ」

・be beside oneself with joy（喜びで気も狂わんばかりである）
※「喜びとともに」ということ。be beside oneself は「自分が自分のそばにある」→「自分が自分の身体から遊離している」といった感じの強調表現。

・buy a necklace on impulse（ネックレスを衝動で買う［ネックレスを衝動買いする］）
※「衝動という力がもとになって」ということ。

・behave on the spur [impulse] of the moment（出来心で行動する）
※「その瞬間の弾みがもとになって」ということ。

・shiver with cold（寒さで震える）
※「寒さを抱きかかえて」と考え、with＝having から with を用いる。

・be famous for its beauty（その美しさで有名である）
※「美しさで」が「有名である」ことの理由・根拠を示していることから for を用いる。ex. Yamagata is famous for its cherries.「山形はさくらんぼが名産である」

原因・理由　その3　＊out of が入る（　）あり。

129. コネで就職する ＝ get a job （　　　） connections

130. 彼の推薦で留学する ＝ study abroad （　　　） his recommendation

131. 奨学金で留学する ＝ study abroad （　　　） a scholarship

132. 日銀の命令で金利を上げる ＝ raise interest rates （　　　） order of the Bank of Japan

133. 医者の忠告で運動する ＝ take exercise （　　　） the doctor's advice

134. 好奇心でラジオを分解する ＝ take the radio apart （　　　） curiosity

135. 事故でケガをする ＝ be injured （　　　） the accident

136. 戦争でケガをする ＝ be wounded （　　　） the war

137. 火事で焼け落ちる ＝ be burned down （　　　） a fire

138. 借金で首が回らない ＝ be up to my ears （　　　） debt

原因・理由　その3

☆一口コメント☆　「～で有名である」がすべて for ～ になるのではありません。あとに理由や根拠が続くときに for を使います。「京都は美しさで有名だ」は Kyoto is famous for its beauty. ですが、「京都は美しい都市で有名だ」は Kyoto is famous as a beautiful city. となります。「京都」＝「美しい都市」の関係になる点に注意してください。

・get a job through connections（コネで就職する）
※「コネを通して」ということ。

・study abroad on his recommendation（彼の推薦で留学する）
※「推薦に基づいて」と考える。

・study abroad on a scholarship（奨学金で留学する）
※「奨学金に頼って」ということ。

・raise interest rates by order of the Bank of Japan（日銀の命令で金利を上げる）
※ by order of ～ はセットで覚えよう。cf. in order of size「大きさの順で」

・take exercise on the doctor's advice（医者の忠告で運動する）
※「忠告に基づいて」ということ。

・take the radio apart out of curiosity（好奇心でラジオを分解する）
※「好奇心から」ということ。「好奇心」を空間的にとらえている。

・be injured in the accident（事故でケガをする）
※「事故において」ということ。「事故」は怪我をさせた主体ではないから by ではない。

・be wounded in the war（戦争でケガをする）
※「戦争において」ということ。

・be burned[burnt] down in a fire（火事で焼け落ちる）
※「火事」を場ととらえて、「火事において」と考える。

・be up to my ears in debt（借金で首が回らない）
※「借金している状態で」ということ。

原因・理由　その4

139. 大雪で2時間遅れている＝be two hours delayed because (　　) the heavy snowfall

140. 公務で結婚式に出席できない＝can't make it to the wedding (　　) account of one's official duties

141. 猛練習の賜物で優勝する＝win the championship (　　) dint of the intense training

142. 人手不足で倒産する＝go bankrupt owing (　　) staff shortages

143. 弁護団のおかげで勝訴する＝win the suit thanks (　　) the defense counsel

144. 遅刻したという理由で彼を首にする＝fire him (　　) the grounds that he was late

145. 悪天候のせいである＝be due (　　) the bad weather

146. 口コミで有名になる＝become famous (　　) word of mouth

147. 時間不足であきらめる＝give up (　　) lack of time

原因・理由　その4

☆一口コメント☆　「好奇心から」を from curiosity としても間違いとは言えませんが、from A to B の B が明確ではないので、「好奇心」を空間的にとらえて out of curiosity とするほうが適切です。

- be two hours delayed because of the heavy snowfall（大雪で2時間遅れている）
※ because of のあとは名詞か動名詞が続く。SV が続くときは because SV の型で、of は不要。

- can't make it to the wedding on account of one's official duties（公務で結婚式に出席できない）
※「公務という説明に基づいて」ということだが、on account of 〜（〜のために）とセットで覚えよう。

- win the championship by dint of the intense training（猛練習の賜物で優勝する）
※ by dint of 〜 は by means of 〜（〜という手段によって）の意味の文語調表現。

- go bankrupt owing to staff shortages [shortage]（人手不足で倒産する）
※ owe A to B（A を B に負っている、A は B のおかげだ）とあわせて覚えるとよい。

- win the suit thanks to the defense counsel（弁護団のおかげで勝訴する）
※ thanks to 〜（〜のおかげで）と thanks for 〜（〜に感謝する）を区別すること。ex. Thanks for calling.「お電話ありがとう」

- fire him on the grounds that he was late（遅刻したという理由で彼を首にする）
※「…という根拠に基づいて」ということ。

- be due to the bad weather（悪天候のせいである）
※ owing to 〜（〜のせいで、〜のおかげで）と異なり、A is due to B.（A は B のせいである）の型で用いるのが基本。

- become famous by word of mouth（口コミで有名になる）
※「口コミによって」ということだが、by word of mouth はセットで覚える。

- give up for [through] lack of time（時間不足であきらめる）
※「時間の不足と引き替えに」ということで for を用いる。「時間不足を通して」と考えるなら through でも OK。

第1章 「で」

目的

148. 財産目当てで彼女に言い寄る＝make advances to her (　　　) money

149. 海外旅行をする目的で貯金する＝save money (　　　) the purpose of traveling abroad

150. 調査目的で捕鯨をする＝whale (　　　) research purposes

151. 転職する目的で介護福祉士の資格を取る＝obtain a care worker's license (　　　) a view to changing jobs

152. 事故に対する民衆の意識を高める目的で記事を書く＝write an article (　　　) the aim of increasing public awareness of the accident

153. 気楽な生活を送りたいという希望で引退する＝retire (　　　) the hope of living a care-free life

罪と罰

154. 販売成績で部下をほめる＝praise one's men (　　　) their sales record

目的

☆一口コメント☆ because of 〜/on account of 〜/by dint of 〜 の of グループ、owing to 〜/thanks to 〜/due to 〜 の to グループと、2つのグループに分けて覚えるのがコツです。

・make advances to her for money（財産目当てで彼女に言い寄る）
※「お金を求めて」ということ。

・save money for the purpose of traveling abroad（海外旅行をする目的で貯金する）
※「目的で」の「で」には for を使うが、ここは for the purpose of Ving をセットで覚えよう。

・whale for research (purposes)（調査目的で捕鯨をする）
※ for the purpose of 〜 からもわかるように purpose は for になる。

・obtain a care worker's license with a view to changing jobs（転職する目的で介護福祉士の資格を取る）
※ with a view to Ving をセットで覚えよう。

・write an article with the aim of increasing public awareness of the accident（事故に対する民衆の意識を高める目的で記事を書く）
※「〜という狙いを持って」なので、with を用いる。with＝having の関係。

・retire in the hope of living a care-free life（気楽な生活を送りたいという希望で引退する）
※ in the hope of Ving をセットで覚えよう。of を for とする誤りに注意。

☆一口コメント☆ 次の表現法もまとめて覚えましょう。in memory of 〜「〜を偲んで」/in prospect of 〜「〜を見込んで」/in celebration of 〜「〜を記念して」/in token of 〜「〜の印に、〜の記念に」/in commemoration of 〜「〜を記念して」

・praise one's men for their sales record（販売成績で部下をほめる）
※「理由」を示す for の用法。「〜でしかる」も scold for 〜 となる。ex. scold one's son for telling a lie「ウソをついたことで息子をしかる」

155. チームの成績不振で監督を解任する＝dismiss the manager (　　　) the team's poor showing

156. スピード違反で3万円の罰金が科せられる＝be fined 30,000 yen (　　　) speeding

157. カンニングで停学になる＝be suspended from school (　　　) cheating

158. 事実を隠したことで政府を批判する＝criticize the government (　　　) concealing the fact

159. 窃盗で彼を告発する＝accuse him (　　　) stealing

160. 殺人で有罪判決を受ける＝be convicted (　　　) murder

161. 放火で嫌疑をかけられる＝be charged (　　　) arson

162. 収賄の罪で逮捕される＝be arrested (　　　) a charge of bribery

163. 厳重注意で済む＝get away (　　　) a strong warning

状態 その1

164. 着物で花火大会に行く＝go to the fireworks display (　　　) a kimono

165. 喪服姿である＝be (　　　) black

状態 その1

・dismiss the manager for the team's poor showing（チームの成績不振で監督を解任する）
※「成績不振」と「解任」という罪と罰の交換。

be fined 30,000 yen for speeding（スピード違反で3万円の罰金が科せられる）
※「スピード違反」と「罰金」という罪と罰の交換。

・be suspended from school for cheating（カンニングで停学になる）
※「カンニング」と「停学」という罪と罰の交換。

・criticize the government for concealing the fact（事実を隠したことで政府を批判する）
※罪と罰の交換の応用。

・accuse him of stealing（窃盗で彼を告発する）
※「〜で有罪[無罪]で」も guilty[innocent] of 〜 になる。ex. guilty of theft「窃盗で有罪で」

・be convicted of murder（殺人で有罪判決を受ける）
※ convict A of B（BでAを有罪にする）がもとの形だが、通常は受け身で用いられる。

・be charged with arson（放火で嫌疑をかけられる）
※ charge A for B だと「AにBを請求する」の意味。「BでAを非難する」なら charge A with B の型になる。

・be arrested on a charge of bribery（収賄の罪で逮捕される）
※ on a murder charge（殺人の嫌疑で）などの名詞句のセットで覚えよう。

・get away with a strong warning（厳重注意で済む）
※「厳重注意を持って去る」ということ。

☆一口コメント☆　上の例は基本的に「罪と罰の交換」という考え方で理解できます。例外として、accuse と convict は of、charge は with（名詞の場合は on）と覚えましょう。

・go to the fireworks display in a kimono（着物で花火大会に行く）
※衣服は人間の「入れ物」として機能している。

・be in black（喪服姿である）
※ in＋色で「〜色の服を着て」の意味になる。

第1章「で」

166. スキー板で歩く＝walk (　　) skis

167. 酔った状態で歩く＝walk (　　) the influence

168. 局部麻酔状態で抜歯する＝have a tooth pulled out (　　) local anesthetic

169. 空腹で泳ぐ＝swim (　　) an empty stomach

170. 低い声で話す＝speak (　　) a low voice

171. 笑顔であいさつする＝say hello (　　) a smile

172. 私を鼻であしらう＝treat me (　　) contempt

173. 大きな拍手でゲストを迎える＝welcome the guest (　　) loud applause

状態　その2

174. 団体で旅行する＝travel (　　) groups

175. 無重力状態で実験を行う＝conduct experiments (　　) zero-gravity conditions

176. 健康である＝be (　　) good health

状態　その2

・walk on skis（スキー板で歩く）
※「スキー板に乗って」ということ。cf. Humans walk on two legs.「人間は二本足で歩く」

・walk under the influence（酔った状態で歩く）
※ under the influence of alcohol（アルコールの影響の下に）ということ。

・have a tooth pulled out under local anesthetic（局部麻酔状態で抜歯する）
※「局部麻酔の支配下で」ということ。

・swim on an empty stomach（空腹で泳ぐ）
※ on a full stomach（食後に、満腹時に）もあわせて覚えよう。

・speak in a low voice（低い声で話す）
※「低い声の状態で」ということ。

・say hello with a smile（笑顔であいさつする）
※「笑顔を持って」ということ。with＝having から考える。

・treat me with contempt（私を鼻であしらう）
※「軽蔑を持って」と考えればよい。「私を軽蔑を持って扱う」ということ。

・welcome the guest with loud applause（大きな拍手でゲストを迎える）
※「大きな拍手を伴って」→「大きな拍手を持って」と考える。

☆一口コメント☆　go out in a kimono（着物で外出する）と speak in a low voice（低い声で話す）には in が用いられていますが、どちらも自己表現の手段になっていることに留意しましょう。

・travel in groups（団体で旅行する）
※「グループの状態で」ということ。cf. travel alone [by oneself]「一人旅をする」

・conduct experiments under zero-gravity conditions（無重力状態で実験を行う）
※「無重力に支配されて」ということ。簡潔に in zero gravity（無重力において）でもよい。

・be in good health（健康である）
※「健康な状態である」ということで、in good health＝healthy の関係。

第 1 章 「で」

177. 危篤である＝be (　　) critical condition

178. ご機嫌ななめである＝be (　　) a bad mood

179. 急な知らせで転勤になる＝be transferred (　　) a moment's notice

180. 悪条件で起こる＝happen (　　) unfavorable circumstances

181. 悪天候で仕事を続行する＝continue working (　　) the bad weather

182. 大きな規模で事業を拡大する＝expand the business (　　) a large scale

183. 窃盗の現行犯で男を逮捕する＝arrest a man (　　) the act of stealing

状態　その３

184. 大差で負ける＝lose (　　) a wide margin

185. 5対3のスコアで勝つ＝win (　　) a score of 5 to 3

186. 間一髪で逃れる＝escape (　　) a hair

・be in critical condtion（危篤である）
※「重大な状態である」ということ。

・be in a bad mood（ご機嫌ななめである）
※「機嫌」はころころ変わるので、be in good health のように無冠詞ではなく、不定冠詞を用いる。

・be transferred at a moment's notice（急な知らせで転勤になる）
※ at [on] short notice としてもよい。冠詞の有無に注意。

・happen in unfavorable circumstances（悪条件で起こる）
※「好ましくない状況において」ということ。circumstances（事情、状況）とペアになる前置詞は under か in と覚えよう。

・continue working in the bad weather（悪天候で仕事を続行する）
※ under でもよいが「〜に支配されて」の意味になる。なお、feel under the weather は「気分がすぐれない」の意味。

・expand the business on a large scale（大きな規模で事業を拡大する）
※「大きい規模に基づいて」ということ。「規模（scale）で」の「で」は on だと覚えるのがベスト。

・arrest a man in the act of stealing（窃盗の現行犯で男を逮捕する）
※「窃盗という行為において」ということ。arrest a man red-handed でもよい。「手を血だらけにして」→「現行犯で」

☆一口コメント☆ 「桜が満開である」は The cherry blossoms are in full bloom [at their best]. です。at one's best は便利な表現で、たとえば「私は絶好調である」は I am at my best. と表現できます。

・lose by a wide margin（大差で負ける）
※ by はその基本意味「切れている」から「差」を表す。

・win by a score of 5 to 3（5対3のスコアで勝つ）
※日本語と同じで、(by) a score of は省略できる。

・escape by a hair（間一髪で逃れる）
※「髪の毛一本の差で」ということ。

第1章 「で」

187. 5分で終電に乗り遅れる＝miss the last train (　　　) five minutes

188. ドルに対して2円円安になる＝fall against the dollar (　　　) two yen

189. 過半数で通過する＝pass (　　　) a majority

190. 会社の代表で祝辞を述べる＝deliver a congratulatory address (　　　) behalf of the company

191. 無所属で総選挙に立候補する＝run in the general election (　　　) an independent

192. 優等な成績で卒業する＝graduate (　　　) honors

素材・主体

193. 木でできた家具＝furniture made (　　　) wood

194. ペットボトルで作られている衣服＝clothes made (　　　) plastic bottles

195. 各チームの精鋭で構成されている日本代表チーム＝the Japanese national team consisting (　　　) the cream of each team

196. 10名の専門家で構成されている諮問機関＝the advisory body composed (　　　) ten experts

197. 新鮮な野菜でできたサラダ＝the salad made up (　　　) fresh vegetables

素材・主体

・miss the last train by five minutes（5分で終電に乗り遅れる）
※by のあとに数字が続けば「〜の差で」の意味になる。

・fall against the dollar by two yen（ドルに対して2円円安になる）
※by two yen は「2円の差で」を表す。

・pass by a majority（過半数で通過する）
※by a score of 〜（〜というスコアで）の by と同じように考えればよいだろう。

・deliver a congratulatory address on behalf of the company（会社の代表で祝辞を述べる）
※on behalf of 〜（〜の代わりに、〜のために）をセットで覚える。なお in behalf of 〜 でも間違いではない。

・run in the general election as an independent（無所属で総選挙に立候補する）
※「無所属で」は「独立したものとして」と考える。

・graduate with honors（優等な成績で卒業する）
※「優等な成績と一緒に」ということ。honors は Hons. と略されることもある。

☆一口コメント☆　組織に属さず「フリーで働く」は work freelance と表現します。前置詞は不要です。walk barefoot（裸足で歩く）とあわせて覚えましょう。

・furniture made of wood（木でできた家具）
※「家具」からは素材である「木」が見えるから from ではなくて of を用いる。

・clothes made from plastic bottles（ペットボトルで作られている衣服）
※「衣服」から「ペットボトル」は見えないから from を用いる。

・the Japanese national team consisting of the cream of each team（各チームの精鋭で構成されている日本代表チーム）
※「チーム」からは素材である「精鋭」が見えるから of を用いる。

・the advisory body composed of ten experts（10名の専門家で構成されている諮問機関）
※be composed of 〜 は consist of 〜 で書き換えられる。他動詞か自動詞かの違いに注意。

・the salad made (up) of fresh vegetables（新鮮な野菜でできたサラダ）
※「サラダ」から「野菜」が見えるから of を用いる。

第1章「で」

198. 枕を日光で消毒する＝disinfect the pillow (　　　) sunlight

199. それらを熱湯で消毒する＝sterilize them (　　　) boiling water

200. 30代で通る＝pass (　　　) thirty or something

キッチン・食卓　その1

201. ジュースで乾杯する＝make a toast (　　　) a glass of juice

202. ストローで飲む＝drink (　　　) a straw

203. ナイフでリンゴを切る＝cut the apple (　　　) a knife

204. うっかりナイフで指を切る＝cut oneself (　　　) a knife

205. フライパンで野菜を炒める＝fry vegetables (　　　) the pan

206. まな板で野菜を切る＝cut vegetables (　　　) the cutting board

207. ホットプレートで野菜を焼く＝grill vegetables (　　　) a hotplate

キッチン・食卓　その1

・disinfect the pillow by [with] sunlight（枕を日光で消毒する）
※ air the pillow in the sun と air を動詞で用いてもよい。

・sterilize them in boiling water（それらを熱湯で消毒する）
※液体そのものを沸騰させて消毒するのなら sterilize ～ by boiling（～を煮沸消毒する）となる。

・pass for thirty or something（30代で通る）
※「(～として)通る」の意味の pass のあとの前置詞は as か for を用いる。ex. pass as a college student「大学生で通る」

> ☆一口コメント☆　take ～ for granted（～を当然とみなす）の for granted は「保証されたものとして」の意味です。また、take[mistake] his brother for him（彼の兄を彼と間違う）は「彼としてみなす」ということです。pass for ～（～で通る）も「～として通る」と考えるとよいでしょう。

・make a toast with a glass of juice（ジュースで乾杯する）
※ make a juice toast（ジュースの乾杯をする）でも同じ意味が表せる。

・drink through [with] a straw（ストローで飲む）
※ through a straw は「ストローを通して」、with a straw は「ストローを使って」ということ。

・cut the apple with a knife（ナイフでリンゴを切る）
※「ナイフを手に持って」ということ。

・cut oneself on a knife（うっかりナイフで指を切る）
※「ナイフに接触して」→「ナイフからの力で」ということ。with a knife と比較してみよう。

・fry vegetables in the pan（フライパンで野菜を炒める）
※「フライパン」が入れ物になっている。

・cut vegetables on the cutting board（まな板で野菜を切る）
※「まな板の上で」ということ。

・grill vegetables on a hotplate（ホットプレートで野菜を焼く）
※食材が「まな板」に乗っているのと「ホットプレート」に乗っているのは同じ状況。

第1章 「で」

208. 塩とコショウで肉を味付ける＝season meat (　　) pepper and salt

209. 水でスープを薄める＝thin the soup (　　) water

キッチン・食卓　その2

210. 電子レンジで味噌汁を温め直す＝reheat the miso soup (　　) the microwave

211. ふきんでテーブルを拭く＝wipe the table (　　) the cloth

212. 弱火で野菜を炒める＝pan-fry the vegetables (　　) a low flame

213. マッチでロウソクに火をつける＝light the candles (　　) a match

214. 冷蔵庫にある食料で我慢する＝make do (　　) the food in the refrigerator

浴室　その1

215. お湯で手を洗う＝wash one's hands (　　) hot water

キッチン・食卓　その2

・season meat with pepper and salt（塩とコショウで肉を味付ける）
※「肉」に「塩コショウ」が混ざりあう様子が with で表現される。

・thin the soup with water（水でスープを薄める）
※何を薄めるかを示さないのであれば、add some water（少し水を加える）でよい。

☆一口コメント☆　「やかんでお湯をわかす」はどう表現すればよいでしょうか。put the kettle on で「やかんを火にかける（＝お湯を沸かす）」になります。「お茶を入れるために」はあとに for を用い put the kettle on for tea とします。

・reheat the miso soup in the microwave（電子レンジで味噌汁を温め直す）
※「電子レンジ」が入れ物になっている。

・wipe the table with the cloth（ふきんでテーブルを拭く）
※「ふきんを手に持って」ということ。

・pan-fry the vegetables over a low flame（弱火で野菜を炒める）
※「弱火の上に（接触しないで）野菜がある」状態。

・light the candles with a match（マッチでロウソクに火をつける）
※「マッチを手に持って」ということ。

・make do with the food in the refrigerator（冷蔵庫にある食料で我慢する）
※ make do with ～ は「（望むものがないので）～で我慢する」の意味。

☆一口コメント☆　make do with ～ は覚えにくい表現ですが、do without ～（～なしで済ます）の反対が do with ～（～で済ます、～を使う）であることを踏まえ、make oneself do with ～（自分自身に～で済まさせる）の oneself が省略されたと考えればよいでしょう。

・wash one's hands with hot water（お湯で手を洗う）
※「（洗面器の）お湯で」なら in the hot water も可。

第1章 「で」

216. サウナで汗をかく＝sweat (　　) a sauna

217. バスタオルで身体を拭く＝wipe oneself (　　) a bath towel

218. ハンカチで汗をぬぐう＝wipe one's sweat (　　) a handkerchief

219. バスマットで足を拭く＝wipe one's feet (　　) the bathmat

220. ドライヤーで髪を乾かす＝dry one's hair (　　) a hair drier

221. 血圧計で血圧を測る＝check one's blood pressure (　　) a blood pressure machine

222. 体温計で体温を測る＝take one's body temperature (　　) a thermometer

浴室　その2

223. 薬用石鹸で手を洗う＝wash one's hands (　　) medicated soap

224. 塩水でうがいをする＝gargle (　　) salt water

225. 電動シェーバーでヒゲを剃る＝shave (　　) a shaver

226. 歯間ブラシで歯の間を磨く＝brush between one's teeth (　　) an interdental brush

浴室　その２

・sweat in a sauna（サウナで汗をかく）
※「サウナ」を空間(＝入れ物)としてとらえている。

・wipe oneself with a bath towel（バスタオルで身体を拭く）
※「バスタオルを手に持って」ということ。

・wipe one's sweat with a handkerchief（ハンカチで汗をぬぐう）
※「ハンカチを手に持って」ということ。「ハンカチで葉っぱを包む」ならハンカチを入れ物としてとらえているので wrap a leaf in a handkerchief となる。

・wipe one's feet on the bathmat（バスマットで足を拭く）
※「足をマットに接着させて」ということ。ex. wipe off one's shoes on the doormat「玄関マットで靴をぬぐう」

・dry one's hair with a hair drier（ドライヤーで髪を乾かす）
※ドライヤーを手に持って「道具」として使用している。

・check one's blood pressure with a blood pressure machine（血圧計で血圧を測る）
※血圧計を「道具」として使っている。

・take one's body temperature with a thermometer（体温計で体温を測る）
※ using a thermometer（体温計を使って）としても表現できる。

☆一口コメント☆　「ハンカチで」が with a handkerchief や in a handkerchief になることが示すように、適切な前置詞を使うには状況を考える必要があります。

・wash one's hands with medicated soap（薬用石鹸で手を洗う）
※「薬用石鹸を手に持って」ということ。

・gargle with salt water（塩水でうがいをする）
※ wash ～ with hot water（～をお湯で洗う）をもとにして考える。

・shave with a shaver（電動シェーバーでヒゲを剃る）
※「電動シェーバーを手に持って」ということ。

・brush between one's teeth with an interdental brush（歯間ブラシで歯の間を磨く）
※「歯間ブラシを手に持って」ということ。

227. 化粧水で化粧を落とす＝remove one's makeup (　　) a lotion

228. 鏡で自分の姿を見る＝look at oneself (　　) the mirror

浴室　その2

・remove one's makeup with a lotion（化粧水で化粧を落とす）
※「化粧水を手にして」ということ。

・look at oneself in the mirror（鏡で自分の姿を見る）
※「鏡の中で自分自身を見る」ということ。

☆一口コメント☆　第2章以降も、まず前置詞の基本意味を押さえ、与えられた表現の状況を考えながら、覚えている例に照らしてその前置詞が妥当かどうか検討する姿勢が大切です。

第2章 「に」と「へ」

「大人になる」とは言えますが、「大人へなる」とは言いません。ただ、「イギリスに行く」は「イギリスへ行く」にしても間違いではありません。「会社に[へ]行く」「ハワイに[へ]出発する」…などこういった例はたくさんあります。本章では「へ」は「に」と基本的に同じであることを確認した上で、「に」「へ」と前置詞の関係を見ていきます。

目的地と「に／へ」

229. 博多へ行く＝go（　　　）Hakata

230. 博多へ出発する＝leave（　　　）Hakata

231. ドアのほうへ進む＝make（　　　）the door

232. 公園へ向かう＝head（　　　）the park

233. 東京方面へ逃げる＝run away（　　　）the direction of Tokyo

234. 北海道に旅行する＝take a trip（　　　）Hokkaido

235. 蔵王へスキーに行く＝go skiing（　　　）Zao

236. 神戸に寄港する＝put in（　　　）Kobe

目的地と「に／へ」

- go to Hakata（博多へ行く）
※到達点を表す to の用法。

- leave for Hakata（博多へ出発する）
※「～へ向かって」だから for となる。leave A for B は「B に向けて A を出発する」の意味。

- make for the door（ドアのほうへ進む）
※ leave for ～ → make for ～ という流れで覚えること。

- head for the park（公園へ向かう）
※動詞 head にも慣れておこう。

- run away in the direction of Tokyo（東京方面へ逃げる）
※「東京への方向」という範囲の中にあると考える。「direction は in」と覚えよう。ex. in all directions「四方八方に」

- take a trip to Hokkaido（北海道に旅行する）
※ take a trip to A（A へ旅をする）はセットで覚えよう。

- go skiing on Zao（蔵王へスキーに行く）
※ go skiing to Zao だと「蔵王までスキーで行く」になる。

- put in at Kobe（神戸に寄港する）
※「神戸駅に」や「神戸空港に」と同じ考え方。

237. 岡山に転勤になる＝be transferred (　　) Okayama

238. 人事部に配属される＝be assigned (　　) the personnel department

方向・目的と「に／へ」

239. 左へ曲がる＝turn (　　) the left

240. ハンドルを右へきる＝turn the steering wheel (　　) the right

241. 好転する＝change (　　) the better

242. 合唱コンクールに参加する＝take part (　　) the chorus contest

243. オリンピックに参加する＝participate (　　) the Olympics

244. 大学図書館への入館許可をとる＝gain entry (　　) the university library

245. 法科大学院に出願する＝apply (　　) admission to the graduate school for law

方向・目的と「に/へ」

- be transferred to Okayama（岡山に転勤になる）
  ※「岡山に派遣される」ということ。cf. the British Ambassador to Japan「駐日イギリス大使」

- be assigned to the personnel (department)（人事部に配属される）
  ※ assign A to B（A を B に割り当てる）の受動態。cf. be lent out [be on loan] to a related company「関連会社に出向している」

☆一口コメント☆　leave for Hakata（博多へ出発する）と make for Hakata（博多のほうへ向かう）を関連づけて覚えれば、最後の段階が make Hakata（博多に到着する）となることも理解しやすいでしょう。

- turn (to the) left（左へ曲がる）
  ※車のウインカーと to の基本意味（→）とを重ね合わせよう。the left は one's left hand のこと。なお、to the は省略できる。

- turn the steering wheel to the right（ハンドルを右へきる）
  ※「右へ」曲がるために右にハンドルをきるのだから to the right となる。the right は one's right hand のこと。

- change for the better（好転する）
  ※「より良いほうへ変化する」ということ。for は未来志向で抽象的になる。cf. turn for the worse「悪化する（＝悪いほうへ変化する）」

- take part in the chorus contest（合唱コンクールに参加する）
  ※ take part in ～ はセットで覚える。「コンクール」はフランス語の concours から来た外来語。英語では contest か competition とする。

- participate in the Olympics（オリンピックに参加する）
  ※ take part in ～ の言い換えとして participate in ～ も覚える。the Olympics と複数形になる点に注意。

- gain entry into the university library（大学図書館への入館許可をとる）
  ※ into のあとには「別の世界」が続く。

- apply for admission to the graduate school for law（法科大学院に出願する）
  ※ for の「～を求めて」という意味から考える。for admission は省略可能。

246. 秘書の仕事に応募する＝put in (　　　) a job as a secretary

目的と「に／へ」

247. 省エネに貢献する＝contribute (　　　) energy conservation

248. 赤い羽根募金に500円を募金する＝donate 500 yen (　　　) the Red Feather Community Chest Movement

249. より楽しい時間にするのに寄与する＝make (　　　) a better time

250. 上級審に上告する＝appeal (　　　) a higher court

251. 旅に行く＝go (　　　) a trip

252. お使いに行く＝go (　　　) an errand

253. 散歩に出かける＝go out (　　　) a walk

254. ドライブに出かける＝go out (　　　) a drive

255. 飲みに出かける＝go out (　　　) a drink

256. 気分転換に外食する＝eat out (　　　) a change

・put in for a job as a secretary（秘書の仕事に応募する）
※ apply が put in に言い換えられたと考えればよい。

☆一口コメント☆ 「出願する」の意味で apply を使うとき、for と to の選択に迷いがちです。その場合は for の「～を求めて」という意味が入っているかどうかで決めるといいでしょう。cf. apply to a firm for employment「会社に採用を申し込む」

・contribute to energy conservation（省エネに貢献する）
※ contribute A to B（A を B に寄付する）の形も押さえておこう。

・donate 500 yen to the Red Feather Community Chest Movement（赤い羽根募金に 500 円を募金する）
※ donate は contribute に言い換えることもできる。

・make for a better time（より楽しい時間にするのに寄与する）
※ make (something) for ～「～のために(何かを)生み出す」と考える。

・appeal to a higher court（上級審に上告する）
※ appeal (oneself) to ～「(自らを)～にアピールする」と考えればよい。「彼女にプロポーズする」(propose to her) の表現の理解の仕方に近い。

・go on a trip（旅に行く）
※「旅」は目的地でないから to はダメ。ex. go on a trip to Kyushu「九州への旅に出る」

・go on an errand（お使いに行く）
※ go on a trip の a trip を an errand に言い換えたと考えればよい。

・go out for a walk（散歩に出かける）
※「散歩のために」ということ。

・go out for a drive（ドライブに出かける）
※「散歩」を「ドライブ」に置き換えて考える。

・go out for a drink（飲みに出かける）
※「一杯飲むことを求めて」ということ。

・eat out for a change（気分転換に外食する）
※「変化を求めて」ということ。cf. go to the hot spring for relaxation「骨休めに温泉に行く」

到達点・目的と「に／へ」

257. 駅に到着する＝arrive (　　　) the station

258. ロスに到着する＝arrive (　　　) L.A.

259. 現場に到着する＝arrive (　　　) the scene

260. ロンドンに到着する＝get (　　　) London

261. 百科事典に手を伸ばす＝reach (　　　) an encyclopedia

262. 日本へ戻る＝return (　　　) Japan

263. 期待はずれだ＝fall short (　　　) the expectations

264. 10億円に達する＝amount (　　　) one billion yen

265. 一人あたま2千円になる＝work out (　　　) 2,000 yen a person

266. 彼の期待に応えて生きる＝live up (　　　) his expectations

到達点・目的と「に / へ」

☆一口コメント☆ 「買い物に行く」は go for shopping の for が省略されて go shopping になったと考えればいいでしょう。娯楽のために出かける場合は go skiing (スキーに行く) や go fishing (釣りに行く) のような go Ving 型になります。したがって、「図書館に勉強に行く」は go to the library to study とします。go studying in the library は文法的には可能ですが、不自然なのはこのためです。

・arrive at the station (駅に到着する)
※「駅」や「空港」は at になる。

・arrive in L.A. (ロスに到着する)
※ at にすれば、「ロス空港に到着する」という意味。

・arrive on the scene (現場に到着する)
※ arrive の後ろの前置詞は、あとに続く名詞との関係で決まる。

・get to London (ロンドンに到着する)
※ get to work (仕事を始める) も work を名詞と考えて「仕事の場につく」と考えればよい。

・reach for an encyclopedia (百科事典に手を伸ばす)
※「手が〜に出発する」と考えればよい。cf. reach the station「駅に到着する」

・return to Japan (日本へ戻る)
※ go to Japan をもとに考える。to を忘れないこと。

・fall short of the expectations (期待はずれだ)
※「期待に達しない」ということ。「〜の手前で落ちる」ということだから、stop short of 〜 (〜の手前で止まる) と状況は同じ。

・amount to one billion yen (10 億円に達する)
※到達点を示す to の用法。

・work out to 2,000 yen a person (一人あたま 2 千円になる)
※「計算すると〜になる」ということ。amount を work out と言い換えたと考える。

・live up to his expectations (彼の期待に応えて生きる)
※「私の期待に達して」から「〜に応えて、〜にそって」の意味になる。expectations が複数になる点も注意。

267. 333メートルの高さに達する＝attain (　　) a height of 333
□□□

結果と「に」

268. （道が）2つに分かれる＝branch (　　) two
□□□

269. 結局刑務所に入る＝end up (　　) jail
□□□

270. 失敗に終わる＝result (　　) failure
□□□

271. 万病の元になる＝lead (　　) all kinds of diseases
□□□

場所と「に／へ」その1

272. 電車に乗り込む＝get (　　) the train
□□□

273. タクシーに乗り込む＝get (　　) a taxi
□□□

274. 大学に入る＝get (　　) college
□□□

結果と「に」

・attain to a height of 333（333 メートルの高さに達する）
※ to は省略できる。

☆一口コメント☆　arrive のあとには at、in、on などが続きますが、どの前置詞になるかは名詞によって決まります。arrive at ～ という固定表現だと考えないでください。

・branch into two（2 つに分かれる）
※「（結果として）～という状況に突入する」ということ。

・end up in jail（結局刑務所に入る）
※動名詞が続く場合は end up Ving で in は原則つけない。ex. end up fighting「結局けんかになる」

・result in failure（失敗に終わる）
※ A result in B で「A の結果が B になる」の定型表現。cf. result in success「成功のうちに終わる」

・lead to all kinds of diseases（万病の元になる）
※「いろいろな病気に通じる」ということ。lead oneself to ～（自らを～へと導く）から oneself が省略されたものと考えてもよい。

☆一口コメント☆　「結果」に対して用いる前置詞は to か in で、この 2 つが合体したのが into だと考えてもいいでしょう。

・get on the train（電車に乗り込む）
※「バス」や「電車」のように身をかがめずに「乗り込む」のは on になる。

・get into the taxi（タクシーに乗り込む）
※「タクシー」のような乗用車に乗り込むときは、身をかがめるから into だと覚えよう。

・get into college（大学に入る）
※「身をかがめて乗る」から「試験を受け苦労して大学に入る」へと発展している。

第2章 「に」と「へ」

275. 車庫に車をバックで入れる＝back one's car (　　) the garage □□□

276. コーヒーに砂糖を入れる＝put sugar (　　) one's coffee □□□

277. 未知の場所に足を踏み入れる＝set foot (　　) the unknown place □□□

278. 月への第一歩を記す＝set foot (　　) the moon □□□

279. 警察に出頭する＝report (　　) the police □□□

場所と「に／へ」 その2

280. 大学病院に入院する＝check (　　) the university hospital □□□

281. 喫茶店に帰宅途中に立ち寄る＝drop in (　　) a coffee shop on one's way home □□□

282. 近所に住む＝live (　　) the neighborhood □□□

283. あの店にピザを注文する＝order pizza (　　) that shop □□□

284. 銀行に勤務する＝work (　　) a bank □□□

285. 封筒に切手を貼る＝put a stamp (　　) the envelope □□□

場所と「に／へ」 その2

・back one's car into the garage（車庫に車をバックで入れる）
※「外から中へ」という動きがあるので into を用いる。cf. a car in the garage「ガレージの車」

・put sugar in one's coffee（コーヒーに砂糖を入れる）
※「コーヒー」が入れ物。cf. put the wallet in the pocket「ポケットに財布を入れる」

・set foot in the unknown world（未知の場所に足を踏み入れる）
※ in のあとに「領域」が表現される例。

・set foot on the moon（月への第一歩を記す）
※「月面に足を接着する」と考える。

・report to the police（警察に出頭する）
※ report oneself to the police の oneself が省略されたと考えればよい。give oneself up to the police でもよい。

☆一口コメント☆　自動詞のあとに oneself を補って他動詞として考えるというテクニックは非常に有益です。ぜひ身につけましょう。

・check into the university hospital（大学病院に入院する）
※ check in at [to] a hotel（ホテルにチェックインする）とあわせて覚えよう。

・drop in at a coffee shop on one's way home（喫茶店に帰宅途中に立ち寄る）
※ drop in at 〜 は call at 〜（〜を訪問する）とあわせて覚えよう。

・live in the neighborhood（近所に住む）
※「近所」を領域と考える。

・order pizza from that shop（あの店にピザを注文する）
※ order A from B（A を B に注文する）の形。（×）order A to B としないこと。

・work for a bank（銀行に勤務する）
※ in だと場所を表し、「勤務地」が表現される。

・put a stamp on the envelope（封筒に切手を貼る）
※「封筒に接着させる」ということ。

第2章 「に」と「へ」

286. 紙に名前を書く＝write one's name (　　) paper

287. テープに講義を録音する＝record the lecture (　　) tape

288. ホテルにチェックインする＝check in (　　) a hotel

289. 芝生に入らない＝keep (　　) the grass

場所と「に／へ」 その3

290. 鍵穴にカギを差し込む＝insert the key (　　) the keyhole

291. 床に牛乳をこぼす＝spill milk (　　) the floor

292. 土俵に塩をまく＝throw salt (　　) the sumo ring

293. ドアのかげに隠れる＝hide (　　) the door

294. 祖父母の家に滞在する＝stay (　　) my grandparents

295. つり革につかまる＝hold on (　　) a strap

296. NHKに出演する＝appear (　　) NHK

・back one's car into the garage(車庫に車をバックで入れる)
※「外から中へ」という動きがあるので into を用いる。cf. a car in the garage「ガレージの車」

・put sugar in one's coffee(コーヒーに砂糖を入れる)
※「コーヒー」が入れ物。cf. put the wallet in the pocket「ポケットに財布を入れる」

・set foot in the unknown world(未知の場所に足を踏み入れる)
※ in のあとに「領域」が表現される例。

・set foot on the moon(月への第一歩を記す)
※「月面に足を接着する」と考える。

・report to the police(警察に出頭する)
※ report oneself to the police の oneself が省略されたと考えればよい。give oneself up to the police でもよい。

☆一口コメント☆　自動詞のあとに oneself を補って他動詞として考えるというテクニックは非常に有益です。ぜひ身につけましょう。

・check into the university hospital(大学病院に入院する)
※ check in at [to] a hotel(ホテルにチェックインする)とあわせて覚えよう。

・drop in at a coffee shop on one's way home(喫茶店に帰宅途中に立ち寄る)
※ drop in at ～ は call at ～(～を訪問する)とあわせて覚えよう。

・live in the neighborhood(近所に住む)
※「近所」を領域と考える。

・order pizza from that shop(あの店にピザを注文する)
※ order A from B(A を B に注文する)の形。(×)order A to B としないこと。

・work for a bank(銀行に勤務する)
※ in だと場所を表し、「勤務地」が表現される。

・put a stamp on the envelope(封筒に切手を貼る)
※「封筒に接着させる」ということ。

第2章 「に」と「へ」

286. 紙に名前を書く＝write one's name (　　) paper

287. テープに講義を録音する＝record the lecture (　　) tape

288. ホテルにチェックインする＝check in (　　) a hotel

289. 芝生に入らない＝keep (　　) the grass

場所と「に／へ」　その3

290. 鍵穴にカギを差し込む＝insert the key (　　) the keyhole

291. 床に牛乳をこぼす＝spill milk (　　) the floor

292. 土俵に塩をまく＝throw salt (　　) the sumo ring

293. ドアのかげに隠れる＝hide (　　) the door

294. 祖父母の家に滞在する＝stay (　　) my grandparents

295. つり革につかまる＝hold on (　　) a strap

296. NHKに出演する＝appear (　　) NHK

・write one's name on paper（紙に名前を書く）
※ put a stamp on the envelope（封筒に切手を貼る）と同じ状況。

・record the lecture on tape（テープに講義を録音する）
※「テープ上にデータとして記録する」ということ。

・check in at [to] a hotel（ホテルにチェックインする）
※ check into a hotel でもよい。

・keep off the grass（芝生に入らない）
※「芝生から(自分自身を)離れた状態に保つ」ということ。

☆一口コメント☆　「近所に住む」は live in the neighborhood ですが、「ごく近所に住む」なら「角を曲がったところ」のように考えて live around the corner という表現も可能です。

・insert the key into the keyhole（鍵穴にカギを差し込む）
※ into の基本意味を伝える典型例。

・spill milk over the floor（床に牛乳をこぼす）
※「床」の上を広がっていく状況。

・throw salt onto the sumo ring（土俵に塩をまく）
※ into なら「塩」が土俵の地中まで入ってしまうことになる。

・hide behind the door（ドアのかげに隠れる）
※「ドアの後ろに身を隠す（hide oneself）」ということ。

・stay with my grandparents（祖父母の家に滞在する）
※ with は人間関係の基本。cf. stay at my grandparents' (house)「祖父母の家に滞在する」

・hold on to a strap（つり革につかまる）
※ hold onto 〜 となる場合もある。抽象的に「〜に頼る」、また「〜をとっておく」の意味でも使われる。

・appear on NHK（NHK に出演する）
※ appear on the stage（舞台に出る）から類推してもよい。cf. be broadcast on NHK「NHK で放送される」

第2章 「に」と「へ」

297. 熊本に引っ越す＝move（　　　）Kumamoto

298. 庭付きの一戸建てに引っ越す＝move（　　　）a house with a garden

299. 壁に傘を立てかける＝stand the umbrella（　　　）the wall

300. 壁にもたれかかる＝lean（　　　）the wall

基準と「に」

301. アルファベット順に名前を載せる＝list the names（　　　）alphabetical order

302. ラテン語に由来する＝derive（　　　）Latin

303. 悪玉コレステロールに起因する＝result（　　　）low-density lipoprotein cholesterol

304. 大臣の失言に端を発する＝originate（　　　）the minister's slip of the tongue

305. 自分の成功を運のせいにする＝attribute one's success（　　　）luck

306. 満足にある＝consist（　　　）contentment

基準と「に」

・move to Kumamoto（熊本に引っ越す）
※ move to ～ で「～に引っ越す」の意味。go to Kumamoto（熊本に行く）から考えればよい。

・move into a house with a garden（庭付きの一戸建てに引っ越す）
※新しい家の中で始まる生活（＝別の世界）に入っていく様子を想像する。

・stand the umbrella against the wall（壁に傘を立てかける）
※「壁」が「傘」の力を支えている関係が、against の基本意味（→ ←）に合致する。

・lean against the wall（壁にもたれかかる）
※「もたれる側」の力と「もたれられる側」の力が向き合う関係は against の基本。

☆一口コメント☆　I am behind you. は「あなたの後ろにいる」から「(陰ながら)あなたを応援している」の意味になります。具体から抽象に意味が発展した例です。「あなたと同意見だ」なら I am with you. です。

・list the names in alphabetical order（アルファベット順に名前を載せる）
※ in ～ order（～の順番で）はセットで覚える。

・derive from Latin（ラテン語に由来する）
※「～から今に来ている」ということ。cf. stem from ～「～からくる、～に由来する」

・result from low-density lipoprotein cholesterol（悪玉コレステロールに起因する）
※〈結果〉result from〈原因〉＝〈原因〉result in〈結果〉

・originate in[from] the minister's slip of the tongue（大臣の失言に端を発する）
※ originate は in ～ と from ～ で意味は変わらない。

・attribute one's success to luck（自分の成功を運のせいにする）
※ attribute A to B は「A のもとは B にある」ということ。

・consist in contentment（満足にある）
※ live in Japan（日本に住む）と基本的な型は同じで、状況も近い。

307. 医者の倫理に反して行動する＝behave (　　　) medical ethics

308. 平安時代にさかのぼる＝date back (　　　) the Heian period

身体部位と「に」 その1

309. 髪に赤いリボンをつけている＝wear red ribbons (　　　) one's hair

310. 私の頭に浮かぶ＝occur (　　　) me

311. 頭に彼女のことがある＝have her (　　　) mind

312. 私の頭に彼女のことがひっかかっている＝have her (　　　) my mind

313. 頭にこの事実を置いておく＝keep this fact (　　　) mind

314. おでこに湿布を貼る＝apply a compress (　　　) one's forehead

315. 顔にクリームを塗る＝rub cream (　　　) my face

316. 彼女のほっぺたにキスをする＝kiss her (　　　) the cheek

身体部位と「に」 その1

- behave against medical ethics（医者の倫理に反して行動する）
※「(法など)〜に反して」は against 〜 となる。ex. against the school rules「校則に反して」

- date back to the Heian period（平安時代にさかのぼる）
※ from the present to the Heian period（現在から平安時代へ）の from the present が省略されたと考えるとよい。

☆一口コメント☆ consist はあとに続く前置詞で意味が変わります。consist of 〜 は「〜で構成される」、consist in 〜 は「〜にある」です。「〜にある」はほかに、lie in 〜 があります。on を使う例として rest on 〜 があります。

- wear red ribbons in one's hair（髪に赤いリボンをつけている）
※「髪の中にリボンがある」ということ。

- occur to me（私の頭に浮かぶ）
※「頭のほうへやってきて到達する」ということ。to の後ろが「人」でも「頭」と訳す。

- have her in mind（頭に彼女のことがある）
※「彼女を頭の中に持っている」と考える。mind に所有格は不要。

- have her on my mind（私の頭に彼女のことがひっかかっている）
※「気になる」とは「頭にくっついている」ということ。気になるかどうかは人によって違うから、mind には所有格が必要。

- keep [bear] this fact in mind（頭にこの事実を置いておく）
※「この事実を覚えておく」ということで remember と言い換えられる。have 〜 in mind の have を keep や bear に置き換えて考える。

- apply a compress to one's forehead（おでこに湿布を貼る）
※ apply＝ap＋ply の ap- は「方向」を意味するから to の基本意味に合致する。

- rub cream over my face（顔にクリームを塗る）
※「顔(全体)」に接着して広げていく感じを over で表す。cf. put a stamp on the envelope「封筒に切手を貼る」

- kiss her on the cheek（彼女のほっぺたにキスをする）
※動詞＋人＋on the 身体の部分、の型。

第2章 「に」と「へ」

317. 目に石鹸が入る＝get some soap (　　) one's eye

318. 目に涙をためて言う＝say with tears (　　) one's eyes

身体部位と「に」 その2

319. 肩にたすきをかける＝put the sash (　　) one's shoulders

320. 肩にのしかかる＝rest (　　) one's shoulders

321. 左腕にギブスをはめている＝wear a plaster cast (　　) one's left arm

322. 神経にさわる＝get (　　) one's nerves

323. 胸に秘密を秘めておく＝keep the secret (　　) oneself

324. 手のひらに彼の住所を書く＝write his address (　　) one's palm

325. ひざに両手を置く＝put one's hands (　　) one's lap

326. 彼女のひざに頭をのせる（彼女にひざ枕をしてもらう）＝pillow my head (　　) her lap

327. 左足に激痛を感じる＝feel a sharp pain (　　) one's left leg

身体部位と「に」 その２

・get some soap in one's eye（目に石鹸が入る）
※「目の中に」と考える。

・say with tears in one's eyes（目に涙をためて言う）
※「目の中に」と考える。

☆一口コメント☆　「(考え事をして)額にしわを寄せる」は knit（編み物をする）を用いて knit one's brows（まゆをひそめる）と表現できます。「額に汗して働く」は make one's living by the sweat of one's brow などと表現します。

・put the sash over one's shoulders（肩にたすきをかける）
※「肩におおいかぶさる」ような状況。

・rest on one's shoulders（肩にのしかかる）
※ on によって「負担」の意味が表せる。cf. This is on me.「これは私のおごりだ」

・wear a plaster cast on one's left arm（左腕にギプスをはめている）
※ have ～ on（～を身につけている）と関連づけて覚えよう。ex. have a kimono on「着物を着ている」

・get on one's nerves（神経にさわる）
※「神経に触れる」＝「カチンと来る」ということ。

・keep the secret to oneself（胸に秘密を秘めておく）
※「秘密を自分の胸のほうに(だけ)保っておく」ということ。

・write his address on one's palm（手のひらに彼の住所を書く）
※ write on paper の「紙」を「手のひら」に置き換える。

・put one's hands on one's lap（ひざに両手を置く）
※ put a stamp on the envelope（封筒に切手を貼る）と似た状況。

・pillow my head on her lap（彼女にひざ枕をしてもらう）
※「ひざ」に依存している様子が表現される。

・feel a sharp pain in one's left leg（左足に激痛を感じる）
※「激しい痛みを足の中から感じる」ということ。

時刻と「に」

328. 7時ちょうどに起きる＝get up (　　　) exactly 7:00

329. 明日の3時に予約をする＝make an appointment (　　　) three tomorrow

330. 6時ちょうどに目覚ましをセットする＝set the alarm (　　　) 6:00 sharp

331. 午前中にこの仕事をやってしまう＝get this work done (　　　) the morning

332. 寒い朝にジョギングをする＝jog (　　　) a cold morning

333. 正午に始まる＝start (　　　) noon

334. 午後にひと寝入りする＝take a nap (　　　) the afternoon

335. 夜に眠る＝sleep (　　　) night

336. 夜にジョギングする＝jog (　　　) the night

337. 寒い夜に歩く＝walk (　　　) a cold night

時刻と「に」

☆一口コメント☆ 「腕にギプスをはめている」は「腕」を主語に表現すれば、My arm is in a (plaster) cast. となります。She is in a kimono.（彼女は着物を着ている）と同じように考えればよいでしょう。

・get up at exactly 7:00（7時ちょうどに起きる）
※デジタル時計の表示（＝数字）と at は結びつけて覚えるとよい。

・make an appointment for three tomorrow（明日の3時に予約をする）
※予約をした時刻が3時なら at three だが、ここは「3時に向けて」ということなので、「に」は at ではなく for になる。

・set the alarm for 6:00 sharp（6時ちょうどに目覚ましをセットする）
※「6時ちょうどに向けて」ということ。

・get this work done in the morning（午前中にこの仕事をやってしまう）
※1日のうちの「午前」という枠なので in the morning とする。cf. in the afternoon「午後に」/ in the evening「夕方に」

・jog on a cold morning（寒い朝にジョギングをする）
※ morning の前に形容詞があるので on を用いる。ex. on Christmas morning「クリスマスの朝に」

・start at noon（正午に始まる）
※ at 12:00 a.m. と考える。

・take a nap in the afternoon（午後にひと寝入りする）
※ in the afternoon をセットで覚えよう。

・sleep at night（夜に眠る）
※「夜」が点としてとらえている点が興味深い。

・jog in the night（夜にジョギングする）
※ジョギングという活動をしているのだから、「夜」は枠としてとらえられている。

・walk on a cold night（寒い夜に歩く）
※ on a cold morning（寒い朝に）と同じで、night の前に形容詞があれば on になる。

時分・時期と「に」

338. 金曜にジムに行く＝go to the gym (　　　) Friday

339. 週末にゴルフに行く＝go golfing (　　　) the weekend

340. クリスマスイブに外食する＝eat out (　　　) Christmas Eve

341. 金曜日に予定されている＝be scheduled (　　　) Friday

342. 4月に引っ越していく＝move away (　　　) April

343. 5月の中旬に生まれる＝be born (　　　) the middle of May

344. 春に咲く＝bloom (　　　) spring

345. 1980年に生まれる＝be born (　　　) 1980

346. 現地時間に時計を合わせる＝set one's watch (　　　) the local time

347. 夜明けに出発する＝leave (　　　) dawn

時分・時期と「に」

☆一口コメント☆　in the morning → on Christmas morning、in the night → on the cold night のように、in が on に変わる理由は、具体化することによって動きが出る、つまり on が表す舞台に近づくからと考えるといいでしょう。

・go to the gym on Friday（金曜にジムに行く）
※基本的に「曜日の前は on」と覚えよう。

・go golfing on the weekend（週末にゴルフに行く）
※ over や during、さらに at でも間違いとは言えない。具体化されれば on。ex. on the weekend of 15 and 16 March「3月の15、16日の週末に」

・eat out on Christmas Eve（クリスマスイブに外食する）
※ eve の前は on と覚えよう。ex. on New Year's Eve「大晦日に」

・be scheduled for Friday（金曜に予定されている）
※ be scheduled for ～ はセットで覚えよう。on Friday だと予定を立てた日が金曜日になってしまう。ここは「金曜日に向けて」ということ。

・move away in April（4月に引っ越していく）
※基本的に月の前の前置詞は in になる。ex. get married in June「6月に結婚する」

・be born in the middle of May（5月の中旬に生まれる）
※ in the middle of ～ をセットで覚えよう。ex. swim in the middle of winter「真冬に泳ぐ」

・bloom in spring（春に咲く）
※基本的に季節の前の前置詞は in になる。

・be born in 1980（1980年に生まれる）
※年の前の前置詞は in になる。

・set one's watch to the local time（現地時間に時計を合わせる）
※「現地時間に合わせて時計をセットする」ということ。ex. sing to the violin「バイオリンに合わせて歌う」

・leave at dawn（夜明けに出発する）
※「夜明け前に」は before dawn となる。

状態と「に」

348. パジャマに着替える＝change (　　　) one's pajamas

349. 冬眠に入る＝go (　　　) hibernation

350. カボチャを馬車に変える＝change the pumpkin (　　　) a carriage

351. 英語にこの本を翻訳する＝translate this book (　　　) English

352. 半分にこの紙を折る＝fold this paper (　　　) half

353. 平常に戻る＝get back (　　　) normal

354. 徐々に成長する＝grow (　　　) degrees

355. 仰向けになる＝lie (　　　) one's back

☆一口コメント☆ 「週末に」は1つの前置詞に決まらないという点がポイントです。over the weekend や during the weekend とすると「週末にかけて」で、「週末を過ごすために箱根に行く」なら go to Hakone for the weekend となります。この場合、意味の重点は「行くのが週末だ」ではありません。

・change into one's pajamas（パジャマに着替える）
※「パジャマを着た状態へ変わる」ということ。cf. go out in a kimono「着物で外出する」

・go into hibernation（冬眠に入る）
※「冬眠中で」なら in hibernation なので、「冬眠状態まで行く」ということ。

・change the pumpkin into a carriage（カボチャを馬車に変える）
※「変化して〜になる」は into 〜 になる。

・translate this book into English（英語にこの本を翻訳する）
※「in English という状態に翻訳する」のだから into English になる。

・fold this paper in half（半分にこの紙を折る）
※ in half で「半分の状態に」ということ。「この紙」と「半分」は全く別物なので into は使えない。

・get back to normal（平常に戻る）
※ go back to Japan（日本に戻る）をもとに考える。

・grow by degrees（徐々に成長する）
※ by degrees は gradually と言い換えられる。

・lie on one's back（仰向けになる）
※ lie on the bed（ベッドに横になる）をもとに考える。

☆一口コメント☆ 「うつ伏せに」は on one's face あるいは on one's stomach、「横向けに」は on one's side になります。それぞれ on によって何が接触するかを想像しながら覚えましょう。

熱中と「に」

356. この本に熱中している＝be absorbed (　　) this book

357. ガンの研究に一生をささげる＝devote one's whole life (　　) the study of cancer

358. 釣りにハマっている＝be (　　) fishing

359. テレビに釘付けになっている＝be glued (　　) the TV

360. 彼女に夢中だ＝be keen (　　) her

361. 酪農に従事する＝engage (　　) diary farming

362. 飲酒にふける＝indulge (　　) drinking

積極性と「に」

363. 仕事に精を出す＝attend (　　) the work

364. 新しい小説に取り組む＝work (　　) a new novel

365. 問題解決に取りかかる＝set (　　) solving the problem

・be absorbed in this book（この本に熱中している）
※ be interested in ～（～に興味がある）と前置詞は共通。

・devote one's whole life to the study of cancer（ガンの研究に一生をささげる）
※ dedicate A to B（A を B にささげる）とあわせて覚えよう。

・be into fishing（釣りにハマっている）
※ be absorbed in ～（～に熱中している）の in と to が合体した前置詞 into になっている。

・be glued to the TV（テレビに釘付けになっている）
※ glue A onto[to] B（A を B に糊づけする）と関連づけて覚えよう。

・be keen on her（彼女に夢中だ）
※ on の「接着」→「執着」の意味から。

・engage in dairy farming（酪農に従事する）
※「枠にある」→「拘束されている」ということから。cf. engagement ring「婚約指輪」

・indulge in drinking（飲酒にふける）
※ indulge oneself in ～ も同じ意味で、これから oneself がとれた表現法。

☆一口コメント☆　「熱中」という状況で用いる前置詞は in と to と into、そして on が中心です。

・attend to the work（仕事に精を出す）
※「仕事に向けて注意を払う」→「仕事に精を出す」ということ。やや改まった表現。cf. attend the meeting「会議に出席する」

・work on a new novel（新しい小説に取り組む）
※「小説を書いている」「小説を読んでいる」のどちらの意味にもなりえる。

・set about solving the problem（問題解決に取りかかる）
※ set oneself about ～（「自分自身を～のあたりにセットする」→「～に取りかかる」）から oneself が省略されたと考える。

第2章 「に」と「へ」

366. 仕事に本腰で取りかかる＝get down (　　) work

367. この本に決める＝decide (　　) this book

368. この難局に対処する＝deal (　　) this difficult situation

369. 次の総選挙に立候補する＝run (　　) the coming general election

370. PTA会長に立候補する＝run (　　) PTA president

対象と「に・へ」 その1

371. その知らせに驚く＝be surprised (　　) the news

372. 世界に知られている＝be known (　　) the world

373. 歴史に興味を持っている＝be interested (　　) history

374. この絵に魅せられている＝be fascinated (　　) this picture

375. この古いカバンに愛着がある＝be attached (　　) this old bag

・get down to work（仕事に本腰で取りかかる）
※ get to the station（駅に到着する）をもとに考える。

・decide on this book（この本に決める）
※ decide on ～ で「考えたすえに～と決める」の意味。いろいろな本の中から「この本」に手を置いて決めるイメージ。cf. decide to buy this book「この本を買うことにする」

・deal with this difficult situation（この難局に対処する）
※ deal with ～ は cope with ～（～に対応する）とあわせて覚える。cf. deal in ～「～を（商品として）扱う」

・run in the coming general election（次の総選挙に立候補する）
※ run for election で「立候補する」の意味になるが、election に冠詞などがつく場合は in が普通。

・run for PTA president（PTA 会長に立候補する）
※ run for のあとには当選して得られる「地位」が続く。

☆一口コメント☆　decide against ～ とすると「～をしないことに決める、～を否決する」「～に不利な決断[判決]を下す」の意味になります。また、cope with ～ は「～を処理する」の意味ですが、deal と比べると積極性が欠け、受動的な印象もあります。

・be surprised at the news（その知らせに驚く）
※ be surprised by the news も目にするが、まだ標準的ではない。

・be known to the world（世界に知られている）
※「世界に対して」ということ。cf. A person is known by the company he keeps.「その人がつきあっている仲間で人はわかる」

・be interested in history（歴史に興味を持っている）
※「～において興味を有している」ということ。cf. be absorbed in ～「～に熱中している」

・be fascinated by this picture（この絵に魅せられている）
※頻度は下がるが with も可。

・be attached to this old bag（この古いカバンに愛着がある）
※「この古いカバンに対して」ということ。attach の at- は to と同じく「方向」を表す。

376. 悪霊に取りつかれている＝be possessed (　　) an evil spirit

377. にわか雨にあう＝be caught (　　) a shower

378. 雪に覆われている＝be covered (　　) snow

379. 料金に含まれている＝be included (　　) the bill

対象と「に・へ」 その2

380. 新聞に目を通す＝look (　　) the newspaper

381. 書類に目を通す＝read (　　) the documents

382. 彼の発言に注目する＝pay attention (　　) his remarks

383. 親の言うことに全く耳を貸さない＝don't take any notice (　　) what one's parents say

384. 田園の生活にあこがれる＝long (　　) life in the countryside

385. 環境に適応する＝adapt oneself (　　) the environment

対象と「に・へ」　その2

・be possessed with[by] an evil spirit（悪霊に取りつかれている）
※「悪霊と一緒に」ということ。受動態の主語を示す by でもよい。

・be caught in a shower（にわか雨にあう）
※「雨が降っている範囲内に捕らわれる」ということ。受動態であることに注意。

・be covered with snow（雪に覆われている）
※「両手で顔を(すっぽり)覆う」の cover one's face with one's hands の状況と関連づけて理解すればよい。

・be included in the bill（料金に含まれている）
※「料金」は「含ませる」主体ではないから by ではない。

☆一口コメント☆　すべて be 動詞＋過去分詞という型になっていますが、受動態だからといって前置詞が by になるとは限りません。

・look through the newspaper（新聞に目を通す）
※ through＝「通」で理解できる。

・read through the documents（書類に目を通す）
※ through は「通」か「終」を表すので、read through ～ で「～を読破する」の意味にもなる。

・pay attention to his remarks（彼の発言に注目する）
※具体的な対象へ向かう場合は for ではなく to になる。

・don't take any notice of what one's parents say「親の言うことに全く耳を貸さない」
※ take notice of ～ で「～に注意する、～を心にとどめる」ということ。主に否定文で使う。

・long for life in the countryside（田園の生活にあこがれる）
※「実現していないもの」に気持ちが向かうことを示す for の用法。ex. yearn for ～「～を希求する」

・adapt oneself to the environment（環境に適応する）
※「環境に合わせて」ということ。ex. sing to the guitar「ギターに合わせて歌う」

386. 彼にあまりに大きな影響を与える＝have so much effect (　　　) him

387. 世間に大きな影響力を与える＝have a great impact (　　　) the public

388. 円高の日本経済への影響を考慮する＝consider the influence of the strong yen (　　　) Japan's economy

389. お前に見切りをつける＝give up (　　　) you

390. 犬に注意する＝beware (　　　) the dog

基準と「に」

391. 朝食にパンを食べる＝eat bread (　　　) breakfast

392. 紫外線に肌をさらす＝expose the skin (　　　) UV rays

393. 他人の気持ちに敏感である＝be sensitive (　　　) others' feelings

394. 地震に見舞われやすい＝be subject (　　　) earthquakes

基準と「に」

- have so much effect on him「彼にあまりに大きな影響を与える」
※ effect を動詞に使うと「生じさせる」の意味になる。ex. effect a reform「改革を成し遂げる」

- have a great impact on the public「世間に大きな影響力を与える」
※動詞 impact にも on を用いる。ex. What Jim said impacted on me.「ジムが言ったことは私に強い衝撃を与えた」

- consider the influence of the strong yen on Japan's economy（円高の日本経済への影響を考慮する）
※「〜への影響」を表す influence on 〜 と impact on 〜 と effcet on 〜 はまとめて覚えよう。ex. the effect of TV on children「TV の子どもへの影響」

- give up on you（お前に見切りをつける）
※「あなたに関して give up する」と理解しよう。人やものごとが変らない[来ない/直らない]などと見切りをつける場合に用いる。

- beware of the dog（犬に注意する）
※意味は be careful of the dog と同じだが、beware of 〜 は命令文か不定詞で用いる。ex. Beware of pickpockets!「すりに注意」

☆一口コメント☆　long for 〜（〜にあこがれる）と pay attention to 〜（〜に注目する）の for と to のあとを見れば、for の抽象性と to の具体性が確認できます。これは両者の性質を理解する有効な基準です。

- eat bread for breakfast（朝食にパンを食べる）
※ for の「交換」の意味から。ex. What do you want to eat for lunch?「昼ごはんに何を食べたいですか」

- expose the skin to UV rays（紫外線に肌をさらす）
※「紫外線に対して」ということ。名詞句にすると the exposure of the skin to UV rays（肌を紫外線にさらすこと）となる。

- be sensitive to others' feelings（他人の気持ちに敏感である）
※「他人の気持ちに対して」ということ。

- be subject to earthquakes（地震に見舞われやすい）
※動詞 subject の subject A to B（A を B の支配下に置く）とあわせて覚えよう。

395. 周波数を NHK に合わせる＝tune in (　　) NHK

396. 石につまずいて転ぶ＝fall (　　) a stone

397. 宇宙誕生の謎に光を当てる＝shed light (　　) the mystery of the birth of the universe

相手と「に」 その1

398. 天災に備える＝provide (　　) natural disasters

399. 老後に備える＝provide (　　) one's old age

400. 試験に備える＝prepare (　　) the exam

401. 近所の人にあいさつをする＝say hello (　　) a neighbor

402. 見知らぬ人に話しかける＝speak (　　) a stranger

403. 彼に持論を説明する＝explain one's pet theory (　　) him

404. 顧客に謝罪する＝apologize (　　) one's customers

・tune in to NHK（周波数を NHK に合わせる）
※「NHK（の周波数）に対して」ということ。cf. apply oneself to the environment「環境に適応する」

・fall over a stone（石につまずいて転ぶ）
※ on なら「石の上に落ちる」の意味になる。

・shed[throw] light on the mystery of the birth of the universe（宇宙誕生の謎に光を当てる）
※具体的な状況では実際に光が当たるので、接触の意味がある on が使われる。

☆一口コメント☆　上の shed[throw] light on ～ は、shed a dim light on the desk（机を薄明かりで照らす）のように、具体的な状況を考えると on になる理由がわかるはずです。

・provide against natural disasters（天災に備える）
※「天災」の及ぼす力に対抗して備えることから against になる。

・provide for one's old age（老後に備える）
※「老後のために」ということ。cf. provide for[support] one's family「家族を養う」

・prepare for the exam（試験に備える）
※ prepare the exam と for がなければ「試験を作る」の意味。ex. He is busy preparing dinner.「彼は夕食の仕度で忙しい」

・say hello to a neighbor（近所の人にあいさつをする）
※「近所の人に対して hello と言う」ということ。1 語で greet と言い換えられる。greet は丁寧表現。

・speak to a stranger（見知らぬ人に話しかける）
※受動態でも be spoken to by a stranger（見知らぬ人に話しかけられる）と to の位置は変わらない。

・explain one's pet theory to him（彼に持論を説明する）
※「彼に対して」ということ。

・apologize to one's customers（顧客に謝罪する）
※ apologize は say sorry（to ～）の意味。どちらも謝る相手には to を使う。

第2章 「に」と「へ」

405. 彼に感謝している＝be grateful (　　) him

406. 彼に恩義を感じている＝feel obliged (　　) him

407. 天候にかかわらず＝regardless (　　) the weather

408. 雨にもかかわらず＝in spite (　　) the rain

409. 彼女に怒っている＝be angry (　　) her

相手と「に」 その2

410. 彼女にプロポーズする＝propose (　　) her

411. 彼に彼が行くべきだと提案する＝suggest (　　) him that he should go

412. 彼によい本を推薦する＝recommend a good book (　　) him

413. その地位に彼を推薦する＝recommend him (　　) the position

414. 妻に事実を隠す＝hide the fact (　　) one's wife

415. 国民に真実を隠す＝conceal the truth (　　) the people

・be grateful to him（彼に感謝している）
※「彼に対して感謝している」ということ。

・feel obliged to him（彼に恩義を感じている）
※「彼に対して恩義を感じる」ということ。

・regardless of the weather（天候にかかわらず）
※ regardless of ～ は「～とは無関係に」ということで、without regard to ～、irrespective of ～、independent of ～ と言い換えられる。

・in spite of the rain（雨にもかかわらず）
※「～をものともせず」の意味。despite ～ と言い換えられる。regardless of ～ との意味の違いに注意。

・be angry with her（彼女に怒っている）
※人間関係の基本は with から考えよう。

☆一口コメント☆ 「天候にかかわらず」は regardless of the weather、whatever[no matter what] the weather、rain or shine の3つをまとめて覚えておきましょう。

・propose to her（彼女にプロポーズする）
※ propose oneself to her（自分自身を彼女のほうへ提出する）から oneself が省略されたと考えればよい。

・suggest to him that he (should) go（彼に彼が行くべきだと提案する）
※ say[suggest/propose/explain/apologize] to＋相手、と覚えよう。

・recommend a good book to him（彼によい本を推薦する）
※ recommend＋推薦するモノ＋to 相手、と覚えよう。

・recommend him for the position（その地位に彼を推薦する）
※まだ現実化していないものが続くので for を用いる。

・hide the fact from one's wife（妻に事実を隠す）
※ from のあとには「見えない世界、別世界」が来る。

・conceal the truth from the people（国民に真実を隠す）
※ from のあとには「見えない世界、別世界」が来る。

416. 親友に胸の内を打ち明ける＝confide (　　) one's close friend

□□□

417. 子どもに質問をする＝ask a question (　　) one's child

□□□

418. 親に過大なことを期待する＝expect too much (　　) one's parents

□□□

419. あなたの手紙にお返事をする＝reply (　　) your letter

□□□

相手と「に」 その３

420. 巨人に負ける＝lose (　　) the Giants

□□□

421. 横綱に敗れる＝be defeated (　　) the grand champion

□□□

422. 弟に負ける＝be beaten (　　) my brother

□□□

423. （私は）親父に頑固な点で似ている＝take (　　) my father in that I am stubborn

□□□

424. 彼に(遅れないように)ついていく＝keep up (　　) him

□□□

425. 彼に追いつく＝catch up (　　) him

□□□

相手と「に」その3

・confide in one's close friend（親友に胸の内を打ち明ける）
※ believe in（＝trust）〜（〜を信用する）とあわせて理解するとよい。cf. confide one's secret to one's close friend「親友に秘密を打ち明ける」

・ask a question of one's child（子どもに質問をする）
※ ask one's child a question と言い換えられる。ex. ask too much of one's parents「親に過大なことを頼む」

・expect too much of one's parents（親に過大なことを期待する）
※ ask too much of one's parents（親に過大なことを頼む）と同じ型。

・reply to your letter（あなたの手紙にお返事をする）
※「〜に応える」は、reply と respond では to が必要だが、answer には前置詞は不要。

☆一口コメント☆　My opinion is different from yours.（私の意見は君の意見と違う）でも、「私の意見」と「君の意見」が別次元にあることを from が示しています。

・lose to the Giants（巨人に負ける）
※「巨人に対して負ける」ということ。lose to 〜 で「〜に負ける」の意味で to を忘れないこと。

・be defeated by the grand champion（横綱に敗れる）
※受動態で、行為主体を by で表している。

・be beaten by my brother（弟に負ける）
※受動態で、行為主体を by で表している。cf. be beaten at cards by my brother「弟にトランプで負ける」

・take after my father in that I am stubborn（親父に頑固な点で似ている）
※ take something after 〜（〜のあとに何かを取る）の something が省略されたと考えればよい。

・keep up with him（彼についていく）
※「人間関係の基本は with」から考える。

・catch up with him（彼に追いつく）
※ keep up with 〜 と catch up with 〜 はあわせて覚えよう。cf. overtake him「彼を追い越す」

第2章 「に」と「へ」

426. 最終電車に接続する＝connect (　　) the last train

427. あなたの電話を人事部につなぐ＝put you through (　　) the personnel department

428. 彼の申し出に応答する＝respond (　　) his offer

429. 光に反応する＝react (　　) light

相手と「に」 その4

430. 風邪にやられる＝come down (　　) a cold

431. 国民に重税を課す＝impose heavy taxes (　　) the people

432. 貴君にナイトの称号を授与する＝bestow a knighthood (　　) you

433. 親父にこっぴどく殴られる＝be beaten up (　　) my father

434. 彼の立場になる＝put oneself (　　) his place

435. 患者に手術をする＝operate (　　) the patient

相手と「に」その4

・connect with the last train（最終電車に接続する）
※「(先行する)最終電車に追いつく」といった状況を考えればよい。

・put you through to the personnel (department)（あなたの電話を人事部につなぐ）
※ to の「～まで(到達する)」の意味から。

・respond to his offer（彼の申し出に応答する）
※「申し出に対して答える」ということ。cf. answer his offer「彼の申し出に答える」

・react to light（光に反応する）
※「光に対して反応する」ということ。「～に反応する」は respond to ～ と react to ～ の2つ。

☆一口コメント☆　get in touch with her（彼女に連絡する）の with は connect with the last train（終電に接続する）と同じように考えてください。各駅停車の電車が急行電車に接続するとき「急行電車に連絡がある」と言うことと関連があります。

・come down with a cold（風邪にやられる）
※ be in bed with a cold（風邪で寝ている）とあわせて覚えよう。

・impose heavy taxes on the people（国民に重税を課す）
※ impose heavy taxes on imports（輸入品に重税を課す）のように課税対象にも on を用いる。

・bestow a knighthood on[upon] you（貴君にナイトの称号を授与する）
※ bestow A on B で「A を B に与える」。bestow は A に称号や賞などが来る格式語。

・be beaten up by my father（親父にこっぴどく殴られる）
※「親父」は殴るという行為の主体。

・put oneself in his place（彼の立場になる）
※「彼の位置に自分自身を置く」ということ。名詞 place は in との組み合わせと覚えよう。
　ex. be in place「しかるべき位置にある」

・operate [perform an operation] on the patient（患者に手術をする）
※「手術」は「患者」に「接着」する形で行われる。cf. He was operated on for appendicitis last month.「先月、彼は盲腸炎の手術を受けた」

第2章 「に」と「へ」

436. 彼女に最近全く会わない＝have seen nothing (　　　) her recently

437. 彼女に甘い＝be soft (　　　) her

438. 上司にゴマをする＝suck up (　　　) the boss

賛成・反対と「に」

439. 校長に賛成している＝be (　　　) the principal

440. 病院長に反対している＝be (　　　) the director of the hospital

441. 議長の提案に異議を唱える＝argue (　　　) the chairman's proposal

442. 大学の移転に反対している＝be opposed (　　　) the relocation of the university

443. 死刑を廃止することに賛成している人々（死刑廃止賛成派）＝those in favor (　　　) abolishing capital punishment

444. 君の意見に賛成だ＝agree (　　　) you

445. 決定に従う＝go along (　　　) the decision

・have seen nothing of her recently（彼女に最近全く会わない）
※ see little of her だと「彼女にめったに会わない」、see something of her だと「彼女にときどき会う」となる。

・be soft on[with] her（彼女に甘い）
※「彼女に接する」なら on、「人間関係の基本」と考えるなら with になる。

・suck up to the boss（上司にゴマをする）
※「上司に対しておもねる」ということ。play up to the boss でもよい。どちらも口語表現。

☆一口コメント☆　bestow A on B（A を B に授与する）のような特殊な型はなかなか覚えにくいので、impose A on B（A を B に課す）と関連づけるのもいいでしょう。

・be for the principal（校長に賛成している）
※「校長派」「校長支持」なども for になる。

・be against the director of the hospital（病院長に反対している）
※「賛成」の for と「反対」の against は対で覚える。ex. Are you for or against ～?「あなたは～に賛成ですか、反対ですか」

・argue against the chairman's proposal（議長の提案に異議を唱える）
※ argue against の組み合わせでなく、「異議」から次の名詞に対する前置詞が against と決まる。

・be opposed to the relocation of the university（大学の移転に反対している）
※「移転に対して反対の状態にある」ということ。

・those in favor of abolishing capital punishment（死刑廃止賛成派）
※「賛成」の意味の for は、3 語で表せば in favor of になる。those は people のこと。

・agree with you（君の意見に賛成だ）
※ proposal（提案）のように「これから先のこと」なら to でもよい。ex. agree to his proposal「彼の提案に賛成する」

・go along with the decision（決定に従う）
※ agree with ～ とあわせて覚えよう。

第2章 「に」と「へ」

446. このように扱われることに反対する＝object (　　　) being treated like this

447. 娘の結婚に同意する＝consent (　　　) one's daughter's marriage

勝負と「に」

448. 徳川軍に仕返しをする＝take revenge (　　　) the Tokugawas

449. あちらの要求に屈服する＝give in (　　　) their demands

450. 連合国に降伏する＝surrender (　　　) the United Nations

451. 近隣諸国に戦争を仕掛ける＝wage war (　　　) the neighboring countries

452. 敵に勝つ＝get the better (　　　) the opponent

453. 下位チームに負ける＝lose (　　　) a team in the lower position

454. 彼女の魅力に負ける＝succumb (　　　) her charms

・object to being treated like this（このように扱われることに反対する）
※「～に対して反対する」ということ。to の後ろは名詞か動名詞が来る。

・consent to one's daughter's marriage（娘の結婚に同意する）
※「娘の結婚に対して同意する」ということ。cf. one's consent to the proposal「その提案に対する同意」

☆一口コメント☆　「賛成」では to や with がよく使われます。だから、approve of ～（～に賛同する）は例外として覚えましょう。

・take revenge on the Tokugawas（徳川軍に仕返しをする）
※ take［get / exact］(one's) revenge on ～ で「～に復讐する」。impose A on B（A を B に課す）と同型として覚えるのもよい。

・give in to their demands（あちらの要求に屈服する）
※ give oneself in to ～（～に対して自分自身を譲り渡す）の oneself が省略されたと考える。

・surrender to the United Nations（連合国に降伏する）
※ surrender oneself to ～（～に対して自分自身を放棄する）から oneself が省略されたと考える。

・wage war against the neighboring countries（近隣諸国に戦争を仕掛ける）
※戦いの状況での「～に対しては」は against が原則。相手も応酬するから to（→）ではなく against（→ ←）になる。

・get the better of the opponent（敵に勝つ）
※「敵からより良いものを得る」ということ。rob A of B（A から B を盗む）をもとに考えてもよい。

・lose to a team in the lower position（下位チームに負ける）
※ lose to the Giants（巨人に負ける）と同じこと。cf. beat a team in the lower position「下位のチームに勝つ」

・succumb to her charms（彼女の魅力に負ける）
※具体的なものへ向かう場合は、for ではなく to になる。

455. 誘惑に負ける＝yield (　　　) temptation

依存と「に」

456. 目覚ましに起こしてもらう＝rely (　　　) one's alarm to wake one up

457. 天候による＝depend (　　　) the weather

458. 天候しだいである＝be contingent (　　　) the weather

459. 彼に頼る＝look (　　　) him

460. 彼女に頼る＝turn (　　　) her

461. 暴力に訴える＝resort (　　　) violence

462. 貯金に頼る＝fall back (　　　) one's savings

・yield to temptation（誘惑に負ける）
※ yield は「出す」の意味。yield oneself to ～（～に自分自身を投げ出す）から oneself が省略されたと考える。succumb to temptation と同意。

☆一口コメント☆　「～に負ける、～に屈服する」が to ～ になることは、「～に対して」という前置詞 to の基本訳からも、to の「→」の意味からも理解できます。

・rely on [upon] one's alarm to wake one up（目覚ましに起こしてもらう）
※ rely on ～（～に依存する）は on の「頼っている」の意味を示す典型例。

・depend on [upon] the weather（天候による）
※ A depend on B は「（客観的に見て）B によって A が決まる」ということ。

・be contingent [dependent] on [upon] the weather（天候しだいである）
※ depend は be contingent や be dependent と言い換えられる。

・look to him（彼に頼る）
※野球選手が監督のサインのほうへ目をやるところを考える。

・turn to her（彼女に頼る）
※ turn oneself to ～（～に自分自身を向ける）から oneself が省略されたと考えればよい。

・resort to violence（暴力に訴える）
※「（やむを得ず）暴力という手段を用いる」という意味で、look [turn] to ～ とあわせて覚えよう。

・fall back on [upon] one's savings（貯金に頼る）
※ fall back on ～ は、力士が追いつめられながら踏んばって土俵際にくっついている状況を想像しよう。

☆一口コメント☆　「～に依存する」や「～に頼る」の前置詞が on や upon や to であることは、それぞれの前置詞の基本意味を考えれば納得できるでしょう。

お金と「に」

463. 百円玉に千円札をくずす＝change a one-thousand yen bill (　　) one-hundred yen coins

464. この古本に1000円の値をつける＝make a bid of 1000 yen (　　) this secondhand book

465. 新しいビルの建設に入札する＝bid (　　) the construction of a new building

466. 衣服に大金を費やす＝spend a lot of money (　　) one's clothes

467. 株に100万円を投資する＝invest one million yen (　　) stocks

468. 記念品に金を出し合う＝chip in (　　) a memento

469. このプロジェクトにすべての貯金をつぎ込む＝sink all one's savings (　　) this project

お金と「に」

・change a one-thousand yen bill into one-hundred yen coins（百円玉に千円札をくずす）
※ change A into B で「AをBに変化させる」の意味。ex. change the pumpkin into a carriage「カボチャを馬車に変える」

・make a bid of 1000 yen for this secondhand book（この古本に1000円の値をつける）
※ for＝「交換」の例。

・bid for[on] the construction of a new building（新しいビルの建設に入札する）
※ for は「〜に向かって」、on なら「〜という場（＝舞台）に」ということ。

・spend a lot of money on one's clothes（衣服に大金を費やす）
※ for なら「〜のため」の意味が強く出る。spend＋時／金＋on 名詞・spend＋時／金＋(in) Ving の型。

・invest one million yen in stocks（株に100万円を投資する）
※ invest の in- と関連づけて覚える。

・chip in for a memento（記念品に金を出し合う）
※「記念品を求めてお金を出し合う」ということ。

・sink all one's savings into this project（このプロジェクトにすべての貯金をつぎ込む）
※ sink が「沈没させる」の意味なので、「このプロジェクトの中へ貯金を沈める」ということ。

☆一口コメント☆　同じ「お金を使う」という行為でも、使う対象は spend は on で、invest は in で表します。それぞれ「費やす」と「投資する」という行為の微妙な違いを感じることができます。speculate in[on] the stock market（株式市場に投機する）ではどちらも使えます。

第3章 「を」

I love you.(私はあなたを愛している)の「あなたを」は you が動詞 love の後ろにあることで表現されます。助詞の「は」「が」「を」などは英語では単語の文の中での位置、つまり単語の並べ方で決まります。I love you. は第3文型の文で、SVOと表記され、Oの位置にあると「Oを」という意味になります。これだけでなく日本語の「を」にはいろいろなパターンがあります。

場所

470. 2つめの信号を右折する＝turn left (　　　) the second traffic signal

471. 成田を離陸する＝take off (　　　) Narita

472. 砂漠をさまよう＝wander around (　　　) the desert

473. 母に浅草を案内する＝show my mother (　　　) Asakusa

474. 降りる駅を乗り過ごす＝ride (　　　) one's stop

475. 山道を登る＝go (　　　) the mountain path

476. 青空を飛ぶ＝fly (　　　) the blue sky

477. 学校を休む＝stay home (　　　) school

場所

- turn left at the second traffic signal（2つめの信号を右折する）
※ at the corner（角で）と同じ考え方。cf. in the corner「すみで[に]」

- take off from Narita（成田を離陸する）
※ from を忘れないように注意しよう。

- wander around in the desert（砂漠をさまよう）
※「砂漠においてさまよう」ということ。

- show my mother around Asakusa（母に浅草を案内する）
※ around は「〜の周りに」なので、show A around B で「A に B をまわって見せる」ということ。

- ride past one's stop（降りる駅を乗り過ごす）
※ past は「〜を越えて」の意味。

- go up the mountain path（山道を登る）
※「山道を下る」は go down the mountain path になる。

- fly in the blue sky（青空を飛ぶ）
※ in がなければ fly は「〜を飛ばす」の意味になる。ex. fly a kite「凧を上げる」

- stay (at) home from school（学校を休む）
※「学校から離れて（家にいる）」ということ。ex. stay (at) home from work「会社を休む」

第3章「を」

478. 80パーセントを占める＝account (　　　) 80 percent

479. この現象を説明する＝account (　　　) this phenomenon

480. アジア諸国を放浪する＝knock (　　　) Asian countries

身体部位

481. 彼の肩を軽く叩く＝tap him (　　　) the shoulder

482. 私の頭を殴る＝knock me (　　　) the head

483. 私の顔を殴る＝hit me (　　　) the face

484. 彼の手を引いて連れて帰る＝take him home (　　　) the hand

485. 彼女の目をじっと見る＝look her (　　　) the eye

身体部位

・account for 80 percent（80 パーセントを占める）
※ for＝「交換」で理解できる例。

・account for this phenomenon（この現象を説明する）
※「交換」から、A account for B（A は B を説明する、A は B を占める）が A＝B になっている点がポイント。

・knock about [around] Asian countries（アジア諸国を放浪する）
※ about ～（～の周りで）の意味から、「アジア諸国をノックして回る」→「アジア諸国を放浪する」と考える。knock around ～ でもよい。

☆一口コメント☆　about と around は「～の周りで」という意味ですが、about ten people（およそ 10 人）という例からもわかるように、about は「そのものを含んだ周り」のことです。around もほぼ同じ意味で使いますが、本来はそのものを含みません。

・tap him on the shoulder（彼の肩を軽く叩く）
※ tap A on the 身体の部分（A の身体の部分を軽く叩く）と覚えよう。

・knock me on the head（私の頭を殴る）
※ knock A on the 身体の部分の型。cf. slap me on the cheek「私をビンタする」

・hit me in the face（私の顔を殴る）
※「顔」という領域において私を殴るということ。on でも間違いではない。

・take him home by the hand（彼の手を引いて連れて帰る）
※ by ～ は「～を持って」の意味になる。ex. pick the pot up by the handle「取っ手をつかんで鍋を持ち上げる」

・look her in the eye（彼女の目をじっと見る）
※ tap him on the shoulder などと同じ型。

☆一口コメント☆　tap him on the shoulder といった表現よりも、tap his shoulder のほうが簡単だと好まれる傾向も最近は出てきているようですが、まず原則を押さえることが重要です。そうすることで、この表現の考え方に触れることもできます。

～を見る　その1

486. 彼女を見る＝have a look (　　　) her

487. 宙を見つめて座っている＝sit gazing (　　　) space

488. 神戸の町を見下ろす＝look down (　　　) the city of Kobe

489. 同僚を見下す＝look down (　　　) one's colleagues

490. 夜空の星を見上げる＝look up (　　　) the stars in the night sky

491. 数学の先生を尊敬する＝look up (　　　) the math teacher

～を見る　その2

492. 彼を人ごみで見つける＝catch sight (　　　) him in the crowd

493. 彼の姿を見失う＝lose sight (　　　) him

494. 広島の町を見て回る＝look (　　　) the city of Hiroshima

495. 荷物を見ておく＝keep an eye (　　　) the baggage

~を見る　その1

- have a look at her（彼女を見る）
※ have a look の look は名詞だが、動詞句 look at ～ と同じように考える。cf. glance at the clock「時計をチラッと見る」/ glare at the bully「いじめっ子をにらみつける」

- sit gazing into space（宙を見つめて座っている）
※見る対象が具体物ではなく「枠」なので into になる。後ろの名詞で前置詞が決まる。

- look down at the city of Kobe（神戸の町を見下ろす）
※ look at ～（～を見る）に down が入ったものと考える。

- look down on one's colleagues（同僚を見下す）
※ look down on ～（～を軽蔑する）と look up to ～（～を尊敬する）はあわせて覚える。

- look up at the stars in the night sky（夜空の星を見上げる）
※ look at ～（～を見る）に up が入ったものと考える。

- look up to the math teacher（数学の先生を尊敬する）
※ to を用いることで対象へいちずに向かうプラスの気持ちが表現される。

☆一口コメント☆　「～を見る」は look at ～ が基本です。「見る」という行為と at が深い関係にあるということで、逆に、前置詞 at の本質を改めて教えられます。

- catch sight of him in the crowd（彼を人ごみで見つける）
※ the sight of ～（～の光景）から the が省略されたと考えよう。

- lose sight of him（彼の姿を見失う）
※ catch sight of ～（～を見つける）と lose sight of ～（～を見失う）は対で覚えよう。

- look around the city of Hiroshima（広島の町を見て回る）
※ look at ～ だと「広島の町を離れたところから見る」という意味になる。cf. show you around Hiroshima「あなたに広島を案内する」

- keep an eye on the baggage（荷物を見ておく）
※「目を～に接着させておく」ということ。keep an eye on を言い換えれば watch (over) になる。

496. その事件を調査する＝look (　　　) the incident

497. 過去を振り返る＝look back (　　　) the past

498. 子どもの面倒をみる＝look (　　　) one's children

499. 彼の策略を見抜く＝see (　　　) his ruse

500. 彼女を見守る＝watch (　　　) her

501. ヘルシンキを見物する＝do the sights (　　　) Helsinki

502. 物事の明るい面を見る＝look (　　　) the bright side of things

～を聞く

503. 彼らの会話を盗み聞きする＝listen in (　　　) their conversation

504. 彼の噂を聞いたことはある＝have heard (　　　) him

505. 彼の近況を聞く＝hear (　　　) him

〜を聞く

・look into the incident（その事件を調査する）
※「事件の世界に（目が）入っていく」ということ。

・look back on [to / at] the past（過去を振り返る）
※「後ろを振り返って〜を見る」→「〜を回顧する」ということ。on を用いると「感慨」を伴う。

・look after one's children（子どもの面倒をみる）
※「子どもを後ろから見る」ということ。

・see through his ruse（彼の策略を見抜く）
※「策略を見通す」ということ。

・watch over her（彼女を見守る）
※ keep an eye on 〜（〜を見ておく）に近い表現。

・do[see] the sights of Helsinki（ヘルシンキを見物する）
※ show her the sights of Helsinki なら「彼女にヘルシンキの名所案内をする」の意味になる。

・look on the bright side of things（物事の明るい面を見る）
※ look at の組み合わせではなく、on と side の組み合わせを優先する。

☆一口コメント☆　look on A as B（A を B とみなす）は、何らかの感情を伴った判断を表します。同じ「見る」でも何らかの感情を伴っている場合は at ではなく on を用います。

・listen in to their conversation（彼らの会話を盗み聞きする）
※ listen to 〜（〜に耳を傾ける）に in が加わったと考える。ex. listen in to the president's phone calls「大統領の電話を盗聴する」

・have heard of him（彼の噂を聞いたことはある）
※「会ったことはないが」という含みがある。この of は about（〜について）の意味。

・hear from him（彼の近況を聞く、彼から便り［電話］をもらう）
※ from を使うと、相手の言葉を直接ではなく手紙や電話などで聞いていることになる。

506. 彼女のお父さんの健康状態を聞く＝inquire (　　　) her father's health

507. 彼の足音を聞こうとする＝listen (　　　) his footsteps

508. 赤ちゃんの泣き声を注意して聞く＝listen out (　　　) the baby's cry

509. 彼の退屈な話を我慢して最後まで聞く＝sit (　　　) his boring story

衣服　その1

510. 帽子をかぶる＝put (　　　) a hat

511. 帽子をかぶっている＝have a hat (　　　)

512. 帽子を脱ぐ＝take (　　　) one's hat

513. 靴下を脱ぎ放しにする＝kick (　　　) one's socks

514. あの服を試着する＝try (　　　) that dress

515. セーターを羽織る＝pull (　　　) a sweater

・inquire after her father's health（彼女のお父さんの健康状態を聞く）
※本人以外の人に健康状態を尋ねる、という状況で用いる表現。cf. inquire into the matter「その件を調査する」

・listen for his footsteps（彼の足音を聞こうとする）
※「足音そのものを聞いている」のではなく、「足音を求めて聞く」ということ。具体化されていないから to ではなく for となる。

・listen out for the baby's cry（赤ちゃんの泣き声を注意して聞く）
※「赤ん坊が泣いているのを聞く」のではなく、「泣き声を求めて耳をすます」ということ。

・sit through his boring story（彼の退屈な話を我慢して最後まで聞く）
※ through＝「通」・「終」のどちらでも理解できる例。「座っている」が「我慢している」の比喩として使われることがある。

☆一口コメント☆　listen to ～ だけでなく、listen for ～ もよく用いられます。前置詞 for の基本意味がわかっていれば難しくありません。

・put on a hat（帽子をかぶる）
※「自分の頭に接するように置く」ということ。cf. put on weight「太る」

・have a hat on（帽子をかぶっている）
※「かぶる」という動作ではなく、「かぶっている」という状態。1語で表せば wear で wear a hat のこと。

・take off one's hat（帽子を脱ぐ）
※ put on と take off は対で覚える。put off や take on と混同しないこと。

・kick off one's socks（靴下を脱ぎ放しにする）
※ take off の take が kick に代わったものと考える。

・try on that dress（あの服を試着する）
※ put on の put が try に置き換わったと考える。

・pull on a sweater（セーターを羽織る）
※ put on a sweater（セーターを着る）と同じ状況だが、pull だと「さっと引く」から「羽織る」の意味に発展する。cf. pull one's sleeves up「袖をまくり上げる」

第3章 「を」

516. ボタンをとめる＝do (　　　) the buttons

衣服　その２

517. 洗濯物を外に干す＝hang (　　　) the washing

518. 洗濯物を取り込む＝take the washing (　　　)

519. ワイシャツのしわをアイロンで伸ばす＝iron (　　　) the wrinkles on the shirt

520. 濡れたシャツをしぼる＝wring (　　　) the wet shirt

521. 着物をきちんとたたむ＝fold (　　　) the kimono

実行

522. 彼女に会うことを金曜まで延期する＝put (　　　) seeing her until Friday

衣服　その2

・do up the buttons（ボタンをとめる）
※「ボタンを上のほうにかける」ということ。cf. do up the zip[zipper]「ジッパーを上げる」

☆一口コメント☆　put on ～「～を身につける」と have ～ on（＝wear ～）「～を身につけている」は混同しがちですが、on は共通で前の動詞 put か have で使い分けることを改めて確認すれば、違いも明確になるでしょう。なお、put on ～ は put ～ on とできますが、代名詞が来る場合は put it on のように on が後ろに回ります。副詞的前置詞の基本的な用法です。

・hang out the washing（洗濯物を外に干す）
※洗濯物が干されている光景を想像すれば、hang out で「一定の場所でブラブラする」の意味も理解しやすい。ex. hang out at the shopping street「商店街をブラブラする」

・take the washing in（洗濯物を取り込む）
※ take in は「取り込む」から「～をのみ込む」「～を理解する」という抽象的な意味でも使える。ex. take in the situation「状況をのみ込む」

・iron out the wrinkles on the shirt（ワイシャツのしわをアイロンで伸ばす）
※ out には「完全に」という意味の副詞的な使い方がある。ex. argue it out「それをとことん議論する」

・wring out the wet shirt（濡れたシャツをしぼる）
※「完全にしぼる」と考える。

・fold up the kimono（着物をきちんとたたむ）
※ up は「完成へ向けて」という副詞的な使い方。「たたみ上げる」ととらえてもよい。

☆一口コメント☆　put on a hat（帽子をかぶる）が帽子の分だけ体重が増えると考えれば、put on weight で「太る（＝gain weight）」の意味になるのも理解できます。なお、put on three kilograms（3キロ太る）の反対は lose three kilograms（3キロやせる）です。

・put off seeing her until Friday（彼女に会うことを金曜まで延期する）
※「スケジュールから（はずす）」と考えればよい。put off は postpone と言い換えられる。

第3章 「を」

523. 議題を次の会議まで持ち越す＝hold (　　) the agenda until the next conference

524. レポートを提出する＝hand (　　) the report

525. これを手っ取り早くやってしまう＝make short work (　　) this

526. 任務を遂行する＝carry (　　) one's duties

527. それを最後までやり通す＝see it (　　)

利用

528. 同じ箸を何度も使う＝make use (　　) the same chopsticks time after time

529. 5連休を利用して海外へ行く＝make good use (　　) the 5-day holiday to go overseas

530. 有給休暇を最大限に利用する＝make the most (　　) one's paid holidays

531. 不利な条件を最大限に利用する＝make the best (　　) adverse conditions

532. 相手の弱点を利用する＝take advantage (　　) the opponent's weak points

利用

・hold over the agenda until the next conference（議題を次の会議まで持ち越す）
※「議題に関して保って(そのままにして)おく」ということ。

・hand in the report（レポートを提出する）
※「提出箱に入れる」と考えればよい。hand in は1語で submit と言い換えられる。cf. throw this in the waste basket「これをくずかごに捨てる」

・make short work of this（これを手っ取り早くやってしまう）
※ make A of B（B を A にする）をもとに考える。cf. make a doctor of one's son「息子を医者にする」

・carry out one's duties（任務を遂行する）
※ out は「完全に」ということ。

・see it through（それを最後までやり通す）
※ through＝「通」・「終」から、「それを最後まで見る」→「それをやり通す」ということ。

☆一口コメント☆　put off ～ until Friday（金曜まで～を延期する）は until Friday も覚えましょう。until を on にする間違いをよく見かけます。また「～を3日間延期する」なら put off ～ for three days です。

・make use of the same chopsticks time after time（同じ箸を何度も使う）
※ make A of B（B を A にする）をもとに考える。cf. make a good job of it「がんばる（＝それをいい仕事にする）」

・make good use of the 5-day holiday to go overseas（5連休を利用して海外へ行く）
※ make use of ～（～を利用する）の use の前には形容詞が入ることが多い。ex. make better use of the dictionary「その辞書をもっと利用する」

・make the most（use）of one's paid holidays（有給休暇を最大限に利用する）
※ make use of ～（～を利用する）の use を the most（use）に置き換えたもの。

・make the best（use）of adverse conditions（不利な条件を最大限に利用する）
※「不利な状況を最大限に利用する」の意味では the most（use）ではなく the best（use）になる。

・take advantage of the opponent's weak points（相手の弱点を利用する）
※ take advantage of ～ → take the better of ～（～に勝つ）という流れで押さえるのもよい。

第3章 「を」

533. 人脈を利用する＝avail oneself（　　　）one's connections

534. 自分の経験を生かす＝draw（　　　）one's experience

535. 彼の恐怖心を利用する＝play（　　　）his fears

536. 時間と金とをつぎ込む＝put（　　　）money and time

537. 新しいバイクに大金を出資する＝lay（　　　）a lot of money on a new bike

生活用品

538. 電気をつける＝turn（　　　）the light

539. 電気を消す＝turn（　　　）the light

540. テレビの音量を下げる＝turn（　　　）the TV

541. ラジオを聴く＝listen（　　　）the radio

生活用品

- avail oneself of one's (personal) connections（人脈を利用する）
※ avail oneself of の 3 語をセットで覚えよう。原則どおり、oneself が省略されることもある。

- draw on one's experience（自分の経験を生かす）
※ draw on ～（～に頼る）の draw は「～を引き出して頼る」ということ。そこから「～を利用する」の意味も出てくる。ex. draw on one's savings「貯金を引き立す」

- play on his fears（彼の恐怖心を利用する）
※「～に働きかける」「～に作用する」ということ。ex. This medicine doesn't work on me.「この薬は私に作用しない」

- put in money and time（時間と金とをつぎ込む）
※ put in the coins なら「コインを入れる」ということ。

- lay out a lot of money on a new bike（新しいバイクに大金を出資する）
※「出費」の「出」に out が対応する。なお、名詞 outlay は「出資」の意味。

☆一口コメント☆ lay out は「レイアウト」という日本語になっています。lay out the chopsticks on the table「テーブルに箸を並べる」や lay out the map on the table「（みんなに見えるように）地図をテーブルの上に広げる」といったように用います。ここから、lay out one's idea で「私の考えを発表する」の意味が出ます。この場合、lay out は「～を外に出す」ということです。この流れで「～を出資する」を覚えましょう。

- turn on the light（電気をつける）
※ The TV is on.（テレビがついている）と関連づけて覚えよう。

- turn off the light（電気を消す）
※ on の「動き」「活動」の基本意味を踏まえ、turn on と turn off を対で覚えよう。

- turn down the TV（テレビの音量を下げる）
※ turn down と turn up（音量を上げる）を対で覚えよう。

- listen to the radio（ラジオを聴く）
※「耳がラジオのところまで行く」ということ。

第3章 「を」

542. 暖房の温度設定を下げる＝turn (　　　) the heater

543. コンロの火を弱める＝turn (　　　) the stove

544. 電気を節約する＝save (　　　) electricity

545. エアコンを取り付ける＝put (　　　) an air conditioner

経済活動　＊out of が入る(　　　)あり。

546. 家族を養う＝provide (　　　) one's family

547. 部屋代を払う＝pay (　　　) the room

548. 学費を両親に頼る＝depend on one's parents (　　　) one's school expenses

549. 中古車を取り扱う＝deal (　　　) used cars

550. 古い車を下取りに出して新車を買う＝trade (　　　) one's old car for a new car

551. 借金を返済する＝get (　　　) debt

経済活動

・turn down the heater（暖房の温度設定を下げる）
※「音量を下げる」と同じように考えよう。

・turn down the stove（コンロの火を弱める）
※「音量を下げる」の「音量」を「火力」に置き換える。

・save on electricity（電気を節約する）
※「電気に関して節約する」ということ。cf. cut down on one's drinking「酒を減らす」

・put in an air conditioner（エアコンを取り付ける）
※ put in は1語で install と言い換えられる。

☆一口コメント☆　turn down は「音量を下げる」「設定温度を下げる」「火を弱める」などに使える便利な表現です。なお、turn のあとに「お願い」「提案」「希望者」などが来ると「～を拒否する」の意味になります。

・provide for one's family（家族を養う）
※ provide for を1語で言い換えれば support になる。

・pay for the room（部屋代を払う）
※ pay A for B（A を B に払う）の A（＝料金）が省略されたもので、もともとは「交換」の for である。

・depend on one's parents for one's school expenses（学費を両親に頼る）
※ depend on ～ は知っていても、depend on A for B（B を A に頼る）の型を知らない人が多い。

・deal in used cars（中古車を取り扱う）
※ deal with ～（～を処理する）と deal in ～（～を商売にする）はあわせて覚えよう。cf. a used-car dealer「中古車ディーラー」

・trade in one's old car for a new car（古い車を下取りに出して新車を買う）
※「新車のために（＝交換に）中古車を差し出す」ということ。完全に交換するのなら trade A for B になる。cf. the trade-in value of one's car「車の下取り価格」

・get out of debt（借金を返済する）
※「借金のある状態から抜け出す」ということ。cf. get [run] into debt「借金する」

第3章 「を」

552. ローンを借りる＝take (　　　) a loan

553. 子会社を買収する＝buy (　　　) the subsidiary company

554. 退職金を将来のために取っておく＝lay (　　　) one's retirement allowance

排除　その1

555. 核兵器を廃絶する＝do away (　　　) nuclear weapons altogether

556. たまった疲れを取り除く＝get rid (　　　) the fatigue that builds up

557. 風邪を撃退する＝ward (　　　) a cold

558. 彼をのけ者にする＝leave him (　　　)

559. 経費をカットする＝cut down (　　　) expenses

560. 彼の申し出を断る＝turn (　　　) his offer

排除 その1

・take out a loan（ローンを借りる）
※金融業者から「借金を取り出す」ということ。cf. take her out for dinner「彼女を食事に連れ出す」

・buy out the subsidiary company（子会社を買収する）
※「完全に買う」→「買い占める、買収する」ということ。

・lay by [aside] one's retirement allowance（退職金を将来のためにとっておく）
※ lay ～ by oneself（自分自身の側に～を置く）から oneself が省略されたと考えよう。lay aside でもよい。

☆一口コメント☆　provide for ～（～を養う）は provide something for ～（何かを～に与える）から something が省略されたと考えるといいでしょう。このように、意味が通りにくいときに oneself や something を補うという手法をぜひ身につけましょう。

・do away with nuclear weapons altogether（核兵器を廃絶する）
※ do with ～（～を使う）に「離れる」を表す副詞 away が入ったもの。

・get rid of the fatigue that builds up（たまった疲れを取り除く）
※ rid を動詞で用いた rid A of B（A から B を取り除く）とあわせて覚えよう。

・ward off a cold（風邪を撃退する）
※ on ⇔ off の関係から、「風邪が自分にくっつかないようにする」ことと考えればいいだろう。

・leave him out（彼をのけ者にする）
※「彼を外に置いておく」ということ。ex. feel left out「疎外感がある」

・cut down on expenses（経費をカットする）
※ cut down ～ は「～を切り倒す」の意味なので、「経費に関して（お金を）カットする」と考えればよい。cf. save on electricity「電気を節約する」

・turn down his offer（彼の申し出を断る）
※「申し出の方向を変えて落とす」ということ。1語で reject と言い換えられる。reject は re-（後ろへ）と -ject（投げる）からできている。

第3章 「を」

561. その従業員を解雇する＝lay (　　) the employee

排除　その2

562. 産業廃棄物を処分する＝dispose (　　) industrial waste

563. 正月のお飾りをはずす＝take the New Year's decorations (　　)

564. テントを解体する＝take (　　) the tent

565. 辞表を撤回す＝take (　　) one's resignation

566. 痛みを消す＝take (　　) the pain

567. 領収書を捨てる＝throw (　　) the receipts

568. ドタキャンをする＝call (　　) the promise at the last minute

569. 国境紛争を終わりにする＝put an end (　　) the border dispute

・lay off the employee（その従業員を解雇する）
※ lay off は「(一時的に)解雇する」。「～を(一時的に)離して置く」ということ。

☆一口コメント☆　ward off（～を撃退する）や lay off（～を解雇する）などの off には「自分との関わりを絶つ」の意味が表されています。on ⇔ off の関係から類推してください。

・dispose of industrial waste（産業廃棄物を処分する）
※この意味では get rid of ～（～を排除する）とほぼ同じ。

・take the New Year's decorations down（正月のお飾りをはずす）
※「お飾りを自分のほうへ移動してから下ろす」ということ。

・take down the tent（テントを解体する）
※「テントを下ろして解体する」ということ。ex. take the radio apart「ラジオを分解する」

・take back one's resignation（辞表を撤回する）
※「辞表を自分のほうへ戻す」ということ。

・take away the pain（痛みを消す）
※「痛みを奪い去る」ということ。

・throw away the receipts（領収書を捨てる）
※「自分から離れる」ように投げる。cf. hold on to [onto] the receipts「領収書を取っておく」

・call off the promise at the last minute（ドタキャンをする）
※「約束を最後にキャンセルする」ということ。call off（～をキャンセルする）は put off（～を延期する）とあわせて覚える。

・put an end to the border dispute（国境紛争を終わりにする）
※ put an end to ～ は「～に対して終了を置く」→「～を終わりにする」ということ。cf. come to an end「終わりになる」

☆一口コメント☆　take down は「～をはずす」や「～を下ろす」のほか、「(黒板の字や相手が発表することを)書き留める」の意味にもなります。「(上にあるものを下ろして)自分のほうへ移動させる」という点ではいずれも同じです。

始まり

570. ゴルフを始める＝take (　　) golf

571. 会話を始める＝strike (　　) a conversation

572. 男の子を産む＝give birth (　　) a baby boy

573. 問題を引き起こす＝bring (　　) a problem

574. 開会を宣言する＝call the meeting (　　) order

575. この学校への入学を貴君に許可する＝admit you (　　) this school

576. 新年を迎える＝ring (　　) a new year

別れ

577. お気に入りの車を手放す＝part (　　) one's favorite car

578. 彼女を空港で見送る＝see her (　　) at the airport

579. 彼女を外まで見送る＝see her (　　)

始まり

- take up golf（ゴルフを始める）
※ take up は「取り上げる」→「趣味などを始める」こと。take up gardening なら「ガーデニングを始める」。cf. take up this problem「この問題を取り上げる」

- strike up a conversation（会話を始める）
※ strike up は「（会話・交際・演奏・歌などを）始める」ということ。

- give birth to a baby boy（男の子を産む）
※「男の赤ちゃんに対して誕生を与える」ということ。

- bring about a problem（問題を引き起こす）
※ bring something about ～「～に関して何かをもたらす」から something が省略されたと考えてもよい。cf. come about「生じる」

- call [bring] the meeting to order（開会を宣言する）
※ declare the meeting open でもよい。call [bring] ～ to order は「～に静粛を求める」の意味にもなる。ex. The chair called the committee to order.「議長は委員会に静粛を命じた」

- admit you to this school（この学校への入学を貴君に許可する）
※ admit ＋人＋to [into] 場所、で「人に場所へ入ることを許す」の意味。

- ring in a new year（新年を迎える）
※「除夜の鐘を鳴らして迎え入れる」と覚えよう。

☆一口コメント☆　order の「秩序」の意味から、call ～ to order は「～秩序のほうへ呼ぶ」→「～に静粛を要求する」「～の開会を宣言する」の意味になると考えましょう。

- part with one's favorite car（お気に入りの車を手放す）
※ do with ～「～を使う」→ part with ～「～を手放す」という流れで覚えよう。

- see her off at the airport（彼女を空港で見送る）
※ see ～ off「（私から）～が離れるのを見る」と考える。see off her と間違えないこと。

- see her out（彼女を外まで見送る）
※ take her out（彼女を連れ出す）をもとに考える。

第3章 「を」

580. 彼を見捨てる＝turn one's back (　　) him

581. 恋人をふる＝walk out (　　) one's boyfriend

582. この大学を卒業する＝graduate (　　) this university

583. 政界を引退する＝retire (　　) the political world

584. 家族を残して行く＝leave one's family (　　)

自慢

585. 故郷を誇りに思う＝be proud (　　) one's hometown

586. 友人を誇りに思う＝take pride (　　) one's friends

587. 5カ国語が話せる能力を誇りに思う＝pride oneself (　　) one's ability to speak five languages

588. 子どもを自慢する＝boast (　　) one's children

・turn one's back on him（彼を見捨てる）
※ look down on ～（～を見下す）とあわせて覚えるのもよい。

walk out on one's boyfriend（恋人をふる）
※口語表現。「～を踏みつけて外へ歩いていく」→「～を見捨てる、～を破棄する」ということ。

・graduate from this university（この大学を卒業する）
※「この大学から(別の社会へ)」ということ。graduate は自動詞なので前置詞が必要。

・retire from the political world（政界を引退する）
※ graduate from ～ と同じことで、日本語でも「引退する」の婉曲表現として「卒業する」がある。

・leave one's family behind（家族を残して行く）
※ leave one's family が「家族と別れる」なので、leave one's family behind は「家族と別れてあとに残す」ということになる。

☆一口コメント☆ 「家族を残して転勤する」は leave one's family behind です。behind を忘れる人が多いのですが、behind がないと「相談なしに」「勝手に」去ったことになりえます。ex. He is going to leave for his new post in New York alone leaving his family behind.「彼はニューヨークに単身赴任するつもりだ」

自慢

・be proud of one's hometown（故郷を誇りに思う）
※「故郷に関して誇りがある」ということ。

・take pride in one's friends（友人を誇りに思う）
※「友人においてプライドを受け取る」ということ。

・pride oneself on one's ability to speak five languages（5カ国語が話せる能力を誇りに思う）
※「～に関して自分自身を誇る」ということ。

・boast of [about] one's children（子どもを自慢する）
※この of は about の意味で、about でもよい。cf. be boastful of [about] ～「～を自慢している」

第3章 「を」

589. 自分の業績を威張る＝brag (　　　) one's achievements

590. 指輪を見せびらかす＝show (　　　) one's ring

591. 品質を見せつける＝make a show (　　　) the quality

捜索

592. アパートを探す＝look (　　　) an apartment

593. 家宅捜索をする＝search the house (　　　) a weapon

594. よいパートナーを探している＝be (　　　) a good partner

595. 情報の提供を一般市民に求める＝appeal to the public (　　　) information

596. ミススペリングがあるかかどうかをチェックする＝check (　　　) spelling mistakes

597. ポケットを手探りで探す＝feel (　　　) one's pocket

・brag about one's achievements（自分の業績を威張る）
※「自分の業績に関して威張る」ということ。of も使えるが、「うぬぼれる」というときは about のほうが合う。

・show off one's ring（指輪を見せびらかす）
※「指輪をわざと相手に示す」ということ。ex. She wears a dress that shows off her figure.「彼女は自分のスタイルを引き立てる服を着ている」

・make a show of the quality（品質を見せつける）
※ make A of B（B を A にする）をもとに考える。「品質を見せ物にする」ということ。

☆一口コメント☆　「～を誇りに思う」は be proud of ～、take pride in ～、pride oneself on ～ の３つが代表格です。それぞれ前置詞の基本意味を考えながら覚えると、微妙な意味の違いも理解することができます。

・look for an apartment（アパートを探す）
※「アパートを求めて見る」ということ。どの「アパート」かはまだ決まっていないので for を用いる。

・search the house for a weapon（家宅捜索をする）
※「凶器を求めて家を探す」ということ。search＋場所＋for ～「場所に～を探す」と覚えよう。

・be after a good partner（よいパートナーを探している）
※「～を後ろから追い求めている」ということ。cf. run after a rabbit「ウサギを追いかける」

・appeal to the public for information（情報の提供を一般市民に求める）
※「情報を求めて」ということ。cf. ask him for more information「彼にもっと詳しく教えてもらう」

・check for spelling mistakes（ミススペリングがあるかどうかをチェックする）
※「～を求めてチェックする」ということ。ミスがあることがまだ確定していない。

・feel in one's pocket（ポケットを手探りで探す）
※ for だと「ポケット自体を探している」ことになる。ex. feel in one's pocket for one's key「ポケットに鍵を探す」

598. すべての引き出しを探す＝look ( ) all the drawers

599. この国を地図で探す＝look ( ) this country on the map

600. 適切な言葉を探そうとする＝try to come up ( ) a right word

対象　その1

601. サンタクロースの存在を信じる＝believe ( ) Santa Claus

602. 釣りを楽しむ＝delight ( ) fishing

603. 跳び箱を跳ぶ＝vault ( ) a vaulting horse

604. 状況を理解する＝take ( ) the situation

605. 車を寄せて止める＝pull ( ) one's car

606. ムダにした時間を埋め合わせる＝make up ( ) lost time

607. ブレーキを踏む＝step ( ) the brakes

・look into all the drawers（すべての引き出しを探す）
※引き出しという「枠の中に」目を通すということ。

・look up this country on the map（この国を地図で探す）
※「～を調べる」ということ。

・try to come up with a right word（適切な言葉を探そうとする）
※「適切な言葉とともに(頭に)現れることを試みる」ということ。ex. come up with a good idea「良い考えが浮かぶ」

☆一口コメント☆ 「アパートを探す」と「ポケットを探す」は一見似ていますが、「アパート」は探す対象、「ポケット」は探す場所です。内容に注目して前置詞を選ぶようにしましょう。

・believe in Santa Claus（サンタクロースの存在を信じる）
※ believe in ～ は、「～の存在を信じる」と「～の価値を信じる」の2つの意味がある。cf. believe me「私の言葉を信じる」

・delight in fishing（釣りを楽しむ）
※ delight oneself in ～（～において自分自身を喜ばせる）から oneself が省略されたものと考えればよい。cf. take delight in swimming「水泳を楽しむ」

・vault over a vaulting horse（跳び箱を跳ぶ）
※ over は on と違って対象への接触は不要。

・take in the situation（状況を理解する）
※「状況を手の内に入れる」ということ。cf. be taken in「だまされる」

・pull over one's car（車を寄せて止める）
※「車線を越えてブレーキを引く」→「道の端に車を止める」と考えよう。

・make up for lost time（ムダにした時間を埋め合わせる）
※ make something up for ～（～と交換に何かを作り上げる）から something が省略されたと考えればいいだろう。cf. compensate for ～「～を補償する、～を埋め合わせする」

・step on the brakes（ブレーキを踏む）
※ apply the brake[brakes]と言い換えられる。brake を動詞として用いてもよい。ex. She braked (her car).「彼女はブレーキをかけた」

608. ブレーキを緩める＝let up (　　　) the brakes

609. 昨日の授業を復習する＝go (　　　) yesterday's class

610. 仕事を引き継ぐ＝take (　　　) the job

対象　その２

611. 容疑者を引き渡す＝hand (　　　) the suspect

612. 心理学を専攻する＝major (　　　) psychology

613. テニスをやる＝go in (　　　) tennis

614. 公務員試験を受ける＝go in (　　　) the civil-service exam

615. 追試験を受ける＝sit (　　　) the supplementary exam

616. 旅人を一晩泊める＝put the traveler (　　　) for the night

617. 映画を彼女と観に行く＝take (　　　) a movie with her

対象　その2

・let up on the brake[brakes]（ブレーキを緩める）
※ The rain lets up.（雨があがる）の「雨」を「足」に置き換えて考えるとよい。ease up[off] on brake[brakes]とも言う。

・go over yesterday's class（昨日の授業を復習する）
※「〜に目を通す」ということ。教科書の上を視線が走る様子を思い浮かべるといいだろう。

・take over the job（仕事を引き継ぐ）
※ take over 〜（from A）で「（A から）仕事を引き継ぐ」の意味になる。意識的に自分のところに持ってくる場合は take が用いられる。

☆一口コメント☆　take over 〜 は「〜を持っていく」「〜を引き継ぐ」「〜を占領する」などの意味になります。「〜を自分のところに持って行く」→「〜を引き継ぐ」、「〜の権力を引き継ぐ」→「〜を支配する」の意味になると考えればいいでしょう。over の「〜の上をドキドキして越える」の意味から類推することも可能です。

・hand over the suspect（容疑者を引き渡す）
※ hand over A to B で「A を B に引き渡す」ということ。

・major in psychology（心理学を専攻する）
※「心理学という枠の中で主に学び研究している」ということ。

・go in for tennis（テニスをやる）
※ go in for 〜 は「〜に向かって中に入っていく」→「〜に参加する」「〜を好む」となる。

・go in for the civil-service exam（公務員試験を受ける）
※この場合の go in for は take と言い換えられる。

・sit for the supplementary exam（追試験を受ける）
※「試験のために座る」→「試験を受ける」となる。

・put the traveller up for the night（旅人を一晩泊める）
※「旅人を家にあげる」ということ。cf. put up the flag「旗を掲げる」

・take in a movie with her（映画を彼女と観に行く）
※口語的な表現。take oneself in a movie（自分自身を映画の中に連れて行く）から oneself が省略されたと考える。cf. take her out for a movie「彼女を映画に誘い出す」

618. 火事を消す＝put (　　) the fire

619. ロウソクを吹き消す＝blow (　　) the candales

対象　その３

620. 社長の地位を継ぐ＝succeed (　　) the president

621. 仕事の遅れを取り戻す＝catch up (　　) one's work

622. 嘘を言ったことを悔いる＝repent (　　) having told a lie

623. チャンスをつかもうとする＝grasp (　　) a chance

624. 結婚を承認する＝approve (　　) the marriage

625. 彼女を待つ＝wait (　　) her

626. 彼女をすっぽかす＝stand her (　　)

・put out the fire（火を消す）
※ out を「外」→「消滅」の意味に結びつける。cf. put the garbage out「ゴミを外へ出す」

・blow out the candles（ロウソクを吹き消す）
※「吹いて消す」ということ。cf. The tire blew out as I was driving.「運転中にタイヤがパンクした」

☆一口コメント☆　put out the fire（火を消す）と put out one's tongue（舌を出す）は put out の意味が一致しないように思えますが、go out（外出する）が「家の中から外へ行く」という見方と、「家から姿を消す」という見方ができるのと同様に考えることができます。

succeed to the president（社長の地位を継ぐ）
※ to のあとに「地位」が続くことに注意。cf. succeed one's father as president「父の社長の地位を継ぐ」

・catch up on one's work（仕事の遅れを取り戻す）
※ catch up with ～（～に追いつく）とあわせて覚えよう。

・repent of[for] having told a lie（嘘を言ったことを悔いる）
※ repent of[for]は 1 語で regret と言い換えられる。前置詞なしでも間違いではないが、あるのが一般的。

・grasp at a chance（チャンスをつかもうとする）
※「チャンスに向かってつかむ」ということ。grasp a chance だと「チャンスをつかむ」になる。ex. A drowning man will grasp at a straw.「おぼれる者はわらをもつかむ」（ことわざ）

・approve of the marriage（結婚を承認する）
※ approve of the marriage が一般的だが、approve the marriage も可能。ほぼ同じ意味になる。

・wait for her（彼女を待つ）
※「彼女のために待つ」ということ。cf. wait for her to come「彼女が来るのを（今か今かと）待つ」

・stand her up（彼女をすっぽかす）
※「彼女を立たせておく」ということ。cf. stand a ladder up against the wall「はしごを壁に立てかける」

第3章「を」

627. 彼女を給仕する＝wait (   ) her

対象　その4

628. 計画の規模を縮小する＝scale (   ) the project

629. 喫煙を差し控える＝refrain (   ) smoking

630. 甘いものを控える＝go easy (   ) sweets

631. 平和を象徴する＝stand (   ) peace

632. 子どもを育てる＝bring (   ) children

633. 社長の辞任を要求する＝call (   ) the president's resignation

634. 花火を打ち上げる＝set (   ) fireworks

635. 男性を差別する＝discriminate (   ) men

636. 正気を失う＝take leave (   ) one's senses

- wait on her（彼女を給仕する）
※「～に接して（命令を）待つ」ということ。cf. Have you been waited on?「ご用はお伺いしておりますか」

☆一口コメント☆　succeed to のあとには「地位」が続きます。「父を継いで社長になる」は（×）succeed to one's father とできないことに注意しましょう。succeed one's father as president です。

- scale down the project（計画の規模を縮小する）
※ scale up（拡大する）と scale down（縮小する）は対で覚える。「下げる、下がる」つながりで、down を back にして scale back と言うこともある。

- refrain from smoking（喫煙を差し控える）
※ abstain from ～ とあわせて覚える。ex. abstain from smoking（禁煙する）

- go easy on [with] sweets（甘いものを控える）
※「甘い物に関してなだらかになる」と考えればよい。go easy with ～ でもよい。

- stand for peace（平和を象徴する）
※「～と交換に存在している」→「～を意味[象徴]する」「～の略である」となる。

- bring up children（子どもを育てる）
※「（大人の世界に）引き上げて持ってくる」ということ。cf. bring it up at the meeting「会議の場でそれを持ち出す」

- call for the president's resignation（社長の辞任を要求する）
※「～を求めて声を上げる」ということ。なお、call for the president to resign（社長が辞任することを要求する）としても同じ意味。

- set off fireworks（花火を打ち上げる）
※ take off（飛び立つ）状況に set するということ。

- discriminate against men（男性を差別する）
※「男性に対して差別する」ということ。cf. discriminate in favor of ～「～を逆差別する」

- take leave of one's senses（正気を失う）
※ take (one's) leave of ～ で「～に別れを告げる」なので、「自分の感覚に別れを告げる」→「気がおかしくなる」となる。

637. 君に会うことを楽しみにする＝look forward (　　) seeing you

638. それを辞書で調べる＝look it (　　) in the dictionary

639. 幼なじみを訪ねる＝look (　　) one's childhood friend

対象　その5

640. 1日に100台の車を生産する＝turn (　　) 100 cars a day

641. 舌を出す＝put (　　) one's tongue

642. その仕事を続ける＝go on (　　) the job

643. 私の髪型を嘲笑する＝laugh (　　) my hair-style

644. 嘘をついたことで子どもを叱る＝tell (　　) one's children for telling a lie

645. 社長を激しく非難する＝tear (　　) the president

646. 噂を一笑に付す＝laugh (　　) the rumor

647. 部屋の雰囲気を明るくする＝jazz (　　) the room

・look forward to seeing you（君に会うことを楽しみにする）
※「〜に対して前のほうを見る」ということ。

・look it up in the dictionary（それを辞書で調べる）
※ pick up the word（その単語を覚える）の pick が look に変わったと考えてもよい。

・look up one's childhood friend（幼なじみを訪ねる）
※「幼なじみを探し上げる」→「幼なじみを訪ねる」となる。

☆一口コメント☆ 「(辞書などで)調べる」に look 〜 up/look up 〜 がしっくりこない人が多いのですが、look up one's childhood friend（幼なじみに会いに行く）の「幼なじみ」の代わりに「単語」など調べる対象を入れて考えればわかりやすいでしょう。

・turn out 100 cars a day（1日に100台の車を生産する）
※「〜を(制作場所から)外に振り向ける」→「〜を生産する」となる。

・put out one's tongue（舌を出す）
※「舌を外へ置く」ということ。

・go on with the job（その仕事を続ける）
※「仕事と一緒にさらに行く」ということ。この on は「継続」の意味。

・laugh at my hair-style（私の髪型を嘲笑する）
※ at は look at のことなので、「私の髪型を見て笑う」ということ。

・tell off one's children for telling a lie（嘘をついたことで子どもを叱る）
※ tell off 〜 は「〜に言って追っ払う」ということ。

・tear down the president（社長を激しく非難する）
※ tear down 〜 は「(建物などを)壊す」→「(人を)中傷する」ということ。

・laugh off the rumor（噂を一笑に付す）
※「噂を笑い飛ばす」ということ。cf. blow off the roof「屋根を吹き飛ばす」

・jazz up the room（部屋の雰囲気を明るくする）
※「ジャズを演奏して盛り上げる」→「部屋などを明るくする」となる。

第3章「を」

648. 親のすねをかじる＝live (　　　) one's parents

モノ・情報のやりとり　その１

649. 集中冷暖房を各教室に設置する＝equip each classroom (　　　) central heating

650. 救援物資を被災地に供給する＝supply the stricken area (　　　) relief supplies

651. 教材を生徒に支給する＝provide students (　　　) teaching materials

652. 記念品を彼に贈呈する＝present him (　　　) a memento

653. 小麦(の種)を畑にまく＝sow the field (　　　) wheat

654. 夕食を甥におごる＝treat one's nephew (　　　) dinner

655. 懲役10年の判決を被告に出す＝sentence the accused (　　　) ten years' imprisonment

656. 病歴を保険会社に告知する＝inform the insurance company (　　　) one's medical history

657. デモのコースを警察に通告する＝notify the police (　　　) the course of the demonstration

モノ・情報のやりとり　その1

・live on one's parents（親のすねをかじる）
※ live in dependence on ～（～に依存して暮らす）から in dependence が省略されたと考える。

☆一口コメント☆　「～に依存する」の意味の rely on ～、depend on ～、be dependent on ～（～に依存する）などは、live on ～ とともに「依存の on」としてまとめて覚えるとよいでしょう。

・equip each classroom with central heating（集中冷暖房を各教室に設置する）
※ equip A with B で「A に B を設置する」の意味。受動態で用いることが多い。

・supply the stricken area with relief (supplies)（救援物資を被災地に供給する）
※ supply A with B で「A に B を供給する」の意味。

・provide students with teaching materials（教材を生徒に支給する）
※ provide A with B で「A に B を供給［支給］する」の意味。

・present him with a memento（記念品を彼に贈呈する）
※ present A with B で「A に B を贈る」の意味。

・sow the field with wheat（小麦を畑にまく）
※ sow A with B で「A に B をまく」ということ。

・treat one's nephew to dinner（夕食を甥におごる）
※ take one's nephew to the zoo（甥を動物園に連れていく）の take を treat に変えて覚えるのもコツ。

・sentence the accused to ten years' imprisonment（懲役10年の判決を被告に出す）
※ sentence＋人＋to＋判決、で「人に判決を与える」ということ。take A to B（A を B に連れて行く）と同じ型。

・inform the insurance company of one's medical history（病歴を保険会社に告知する）
※ inform A of B で「A に B を知らせる」の意味。

・notify the police of the course of the demonstration（デモのコースを警察に通告する）
※ notify A of B は「A に B を知らせる」という意味で、inform が notify に変わった型。

第3章 「を」

モノ・情報のやりとり　その2

658. 道路から雪を取り除く＝clear the street (　　　) snow

659. テレビゲームを子どもから取り上げる＝deprive one's child (　　　) his video games

660. 肺ガンを患者から切除する＝cure the patient (　　　) lung cancer

661. 私の部屋のほこりをとる＝clean my room (　　　) dust

662. 私のシャツのしみを洗い流す＝wash my shirt (　　　) the stains

モノ・情報のやりとり　その3　＊out ofが入る(　　　)あり。

663. 与党の無策をただす＝pick up the ruling party (　　　) its lack of policy

664. 彼女を説得してその考えをやめさせる＝talk her (　　　) the idea

665. 息子を音楽家にする＝make a musician (　　　) one's son

モノ・情報のやりとり　その2

☆一口コメント☆　provide A with B の型を土台に、supply や equip なども覚えましょう。このように前置詞を含む型は基本的な意味が似ていることが多いので、まとめて覚えるのが近道です。

・clear the street of snow（道路から雪を取り除く）
※「道路の雪かきをする」ということ。clear A of B で「A から B を取り除く」の意味。cf. clear the snow off[from] the road「道路から雪を排除する」

・deprive one's child of his video games（テレビゲームを子どもから取り上げる）
※ deprive A of B で「A から B を取り上げる」の意味。

・cure the patient of lung cancer（肺ガンを患者から切除する）
※ cure A of B で「A から B を取り除く」の意味。A of の部分を省略して cure lung cancer なら「肺ガンを治す」の意味。

・clean my room of dust（私の部屋のほこりをとる）
※ clean A of B で「A から B を掃除してとる」という意味。

・wash my shirt of the stains（私のシャツのしみを洗い流す）
※ wash A of B で「A から B を洗い流す」の意味。

☆一口コメント☆　すべて「A から B を取る」の意味が土台になっています。どれか1つを基本形とし、あとはまとめて覚えるといいでしょう。

・pick up the ruling party on its lack of policy（与党の無策をただす）
※ pick up A on B で「B に関して A をつつく」の意味。cf. pick up on his humor「彼のユーモアに気づく」

・talk her out of the idea（彼女を説得してその考えをやめさせる）
※ talk することで、take her out of the idea（その考え方から連れ出す）ということ。

・make a musician of one's son（息子を音楽家にする）
※ make a musician out of my son（息子から音楽家を作り出す）から out が取れたと考えるとよい。

666. 他の乗客に迷惑をかける＝make a nuisance (　　　) oneself to the other passengers

667. 祖父を私に思い出させる＝remind me (　　　) my grandfather

668. 敗北を主将のせいにする＝blame the defeat (　　　) the captain

669. 彼に良い医者を紹介する＝refer him (　　　) a good doctor

670. 火災保険を家具にかける＝insure the furniture (　　　) fire

モノ・情報のやりとり　その3

・make a nuisance of oneself to the other passengers（他の乗客に迷惑をかける）
※「自分自身を他の乗客に対して厄介者にする」ということ。make A of B（B を A にする）の型。

・remind me of my grandfather（祖父を私に思い出させる）
※ remind A of B で「A に B を思い出させる」の意味。

・blame the defeat on the captain（敗北を主将のせいにする）
※ blame A on B で「A を B のせいにする」の意味。「押し付ける」感じが on によって表現される。

・refer him to a good doctor（彼に良い医者を紹介する）
※「彼を良い医者に対して差し向ける」ということ。refer to this book（この本を参照する）は refer oneself to this book の oneself が省略されたと考えるとよい。

・insure the furniture against fire（火災保険を家具にかける）
※「火事に対抗して家具に保険をかける」ということ。cf. insure the furniture against fire for ten million yen「家具に一千万円の火災保険をかける」

☆一口コメント☆　make の後ろに名詞が 2 つ並ぶ make A B が第 5 文型になることがあります。この意味を、A と B の順序を入れ替えると make B of A になります。これをもとにして、make a musician of one's son や make a nuisance of oneself の表現を理解してください。同じように、「〜を秘密にする」は make a secret of 〜 と表現できます。ex. make no secret of this project「このプロジェクトを秘密にしない」

第4章 「の」

「の」に当たる前置詞は of だけではありません。また、名詞と名詞を並べ前の名詞を形容詞的に用いる表現法も重要です。たとえば、「熊本のホテル」は a hotel in Kumamoto のほかに、a Kumamoto hotel と表現することができます。

変化

671. 気温の変化に慣れる＝get used to the change (　　　) the temperature

672. 人生の節目に差しかかる＝approach the change (　　　) life

673. 医学の進歩の恩恵を受ける＝benefit from the progress (　　　) medicine

674. 試合の展開を気にする＝care about the development (　　　) the game

675. 新ワクチンの開発を提唱する＝advocate the development (　　　) a new vaccine

676. この町の人口の急激な増加を経験する＝experience the rapid increase (　　　) the population of this town

677. 日中関係の改善を促進する＝promote the improvement (　　　) relations between Japan and China

変化

- get used to the change in the temperature（気温の変化に慣れる）
※「気温における変化」ということ。

- approach the change of life（人生の節目に差しかかる）
※ the change of life は menopause（更年期）の婉曲表現。

- benefit from the progress in medicine[medical science]（医学の進歩の恩恵を受ける）
※「医学における進歩」ということ。

- care about the development of the game（試合の展開を気にする）
※ the game develops（試合が展開する）を development を中心に名詞句にまとめたもの。

- advocate the development of a new vaccine（新ワクチンの開発を提唱する）
※ develop a new vaccine（新ワクチンを開発する）を development を中心に名詞句にまとめたもの。

- experience the rapid increase in the population of this town（この町の人口の急激な増加を経験する）
※「人口における急増」ということ。

- promote the improvement of relations between Japan and China（日中関係の改善を促進する）
※ improve the relations …（…関係を改善する）を improvement を中心に名詞句にまとめたもの。

☆一口コメント☆　increase は in との結びつきが強いので、「人口の増加」は the increase of population ではなく、the increase in population になります。

第4章 「の」

所属・所有・場所　その1

678．シカゴ大学の教授＝a professor（　　　）Chicago University

680．日本海の無人島を訪れる＝visit a desert island（　　　）the Japan Sea

681．壁のポスターに目をやる＝glance at the poster（　　　）the wall

682．この学校の問題点を解決する＝solve the problem（　　　）this school

683．鉄道会社の株を買う＝buy stock（　　　）a railway company

684．千葉市の南20キロの都市＝a city, 20 km south（　　　）Chiba City

685．設問3の解答を訂正する＝correct the answer（　　　）question three

686．この部屋のカギをなくす＝lose the key（　　　）this room

687．雑誌の記事を読む＝read an article（　　　）the magazine

・a professor at Chicago University（シカゴ大学の教授）
※ a professor studying at Chicago University と考えるとよい。

・visit a desert island in the Japan Sea（日本海の無人島を訪れる）
※島は海面上に浮かんでいるものではなく、立体的なので on だとおかしい。

・glance at the poster on the wall（壁のポスターに目をやる）
※「壁に接着しているポスター」ということ。

・solve the problem with this school（この学校の問題点を解決する）
※「この学校に関わる問題」ということ。ex. The problem with our team this year is defense.
「今年のわがチームの問題はディフェンスだ」

・buy stock in a railway company（鉄道会社の株を買う）
※「鉄道会社における株式」ということ。

・a city, 20 km south of Chiba（千葉市の南 20 キロの都市）
※「千葉市から」と考えると from を用いたくなるが、to the south of ～（～の南へ）からできた表現と考える。cf. East of Eden『エデンの東』

・correct the answer to question three（設問 3 の解答を訂正する）
※「設問 3 に対する解答」ということ。

・lose the key to this room（この部屋のカギをなくす）
※「この部屋の鍵穴に差すカギ」と考える。「この部屋に対するカギ」と考えてもよい。

・read an article in the magazine（雑誌の記事を読む）
※「雑誌の中の記事」ということ。

☆一口コメント☆　the capital of Japan（日本の首都）、the Constitution of Japan（日本の憲法）、the history of Japan（日本の歴史）、the grammar of the Japanese language（日本語の文法）などの the A of B の型は、「B が決まれば A が 1 つに決まる」「B には A が本質的に備わっている」といったことを含意しています。

所属・所有・場所　その２

688. 祖父の古い時計をはめている＝wear an old watch (　　　) my grandfather's

689. われらが中学校の誉れである＝be an honor (　　　) our junior high school

690. 教師の鑑である＝be an honor to the profession (　　　) a teacher

691. 日本国憲法を制定する＝establish the Constitution (　　　) Japan

692. 憲法9条を読む＝read Article 9 (　　　) the Constitution

693. ネクタイのシミを取る＝take out the stains (　　　) the tie

694. 両側の樹木に水を遣る＝water the trees (　　　) both sides

695. 私の側のミスから生じる＝arise from a mistake (　　　) my part

696. プラットフォームの電車＝the train (　　　) the platform

所属・所有・場所　その2

- wear an old watch of my grandfather's（祖父の古い時計をはめている）
※ I-my-me-mine の4つ目を of のあとに入れると覚えよう。ex. a friend of mine「私の友人」

- be an honor to our junior high school（われらが中学校の誉れである）
※「〜に対する誉れ」ということ。cf. the pride of our junior high school「我らが中学校の自慢」

- be an honor to the profession as a teacher（教師の鑑である）
※「教師として」から、「教師という職業に対する誉れ」ということ。as は the profession＝a teacher であることを表している。cf. work as a teacher「教師として働く」

- establish the Constitution of Japan（日本国憲法を制定する）
※「日本国憲法」を「日本国の憲法」と考えて the Constitution of Japan とする。

- read Article 9 of the Constitution（憲法9条を読む）
※「憲法の9条」と考える。「9条」は「憲法」の一部なので、要素を表す of を用いる。

- take out the stains on the tie（ネクタイのシミを取る）
※「ネクタイに接着したシミ」ということ。the stains of the tie にすると「シミ」が「ネクタイ」の属性になり、「このシミあってのこのネクタイ」といった不可分の関係になる。

- water the trees on both sides（両側の樹木に水を遣る）
※「側」に置き換えられるものは on とセットになる。ex. see Mt. Aso on the left side「左側に阿蘇山が見える」

- arise from a mistake on my part（私の側のミスから生じる）
※ on と組み合わさると、part は「側」の意味になる。

- the train at the platform（プラットフォームの電車）
※「駅」の中の「プラットフォームで」（全体と部分の関係）から at になる。cf. wait for a train on the platform「プラットフォームで電車を待つ」

☆一口コメント☆　名詞 part は前置詞によって意味が変わります。for the most part は「たいていの場合は」、in part は「ある程度」という意味で、どちらも「部分」の意味がもとになっています。on my part（私の側の）のように「側」の意味になる場合は on です。

所属・所有・場所　その3

697. 道の向こうのコンビニ＝a convenience store (　　　) the street □□□

698. 道の反対側の樹木＝the trees (　　　) the opposite side of the street □□□

699. 前の車を追い越す＝overtake the car (　　　) front □□□

700. アメリカの首都、ワシントンを訪問する＝visit Washington D.C., the capital (　　　) the U.S. □□□

701. 目元のしわを隠す＝hide the wrinkles (　　　) one's eyes □□□

702. ネクタイのしわをのばす＝iron out the wrinkles (　　　) one's tie □□□

属性

703. 18歳の青年を雇っている＝employ a young man (　　　) 18 □□□

704. 私と同い年の女性と知り合う＝get to know a woman (　　　) my age □□□

705. 海外のニュースを読む＝read news (　　　) abroad □□□

706. 長い髪の少女を思い出す＝remember a girl (　　　) long hair □□□

所属・所有・場所 その3

・a convenience store across the street（道の向こうのコンビニ）
※over the street とすると、空を飛んで「道を越えていく」ということになる。

・the trees on the opposite side of the street（道の反対側の樹木）
※「側（がわ）」だから on で、across the street とほぼ同じ状況を表す。

・overtake the car in front（前の車を追い越す）
※「(自分の車の)前にいる」in front (of my car)の意味の「の」。

・visit Washington D.C., the capital of the U.S.（アメリカの首都、ワシントンを訪問する）
※「日本の首都」の「の」は of で the capital of Japan となる。

・hide the wrinkles around one's eyes（目元のしわを隠す）
※「目元の」は「目の周りの」ということだから「〜の周り」の around になる。

・iron out the wrinkles in one's tie（ネクタイのしわをのばす）
※「ネクタイの中のしわ」だから in になる。状況によっては of でも間違いではない。

☆一口コメント☆ 「〜のしわ」は「目元」なら around、「ネクタイ」なら in です。また、同じ「ネクタイの」の「の」も「しわ」なら in、「油のしみ」なら some greasy stains on my tie となります。

・employ a young man of 18（18歳の青年を雇っている）
※「年齢」と「人」の不可分な関係を表す。

・get to know a woman of my age（私と同い年の女性と知り合う）
※of を省略することもある。

・read news from abroad（海外のニュースを読む）
※「海外からのニュース」ということ。ex. my wife from Kyushu「九州出身の妻」

・remember a girl with long hair（長い髪の少女を思い出す）
※「長い髪」は「少女」の属性だが、不可分ではない。

第4章 「の」

707. ヒゲのおじいさんに話しかける＝speak to an old man (　　) a beard

708. 倍率10倍の望遠鏡を購入する＝purchase a telescope (　　) a magnifying power of 10

709. 有能の士＝a man (　　) ability

710. 鈴木という名の男性に会う＝meet a man (　　) the name of Suzuki

711. 良識の人と言われている＝be called a person (　　) common sense

712. マグニチュード8.5の地震に耐える＝withstand an earthquake (　　) magnitude 8.5

713. 1億円の損害を被る＝suffer a loss (　　) hundred million yen

714. 3月3日付けの手紙を受け取る＝receive a letter (　　) 3rd March

715. 旬の野菜を食べる＝eat vegetables (　　) season

主体・主題　その1

716. 有名スターのポスターを買う＝buy a poster (　　) a famous star

主体・主題　その1

- speak to an old man with a beard（ヒゲのおじいさんに話しかける）
※「ヒゲ」は「おじいさん」の属性だが、不可分ではない。

- purchase a telescope with a magnifying power of 10（倍率10倍の望遠鏡を購入する）
※「10倍率を備えた望遠鏡」ということ。cf. a person with the ability to speak German「ドイツ語を話せる人」

- a man of ability（有能の士）
※「有能さ」という特徴を持った「男」ということ。有能さが不可分なほどの特徴となっていることを表している。ex. a man of few words「寡黙な男、ミスター無口」

- meet a man by the name of Suzuki（鈴木という名の男性に会う）
※ a man called by the name of Suzuki（鈴木という名で呼ばれる男）から called が省略されたと考えればよい。

- be called a person of common sense（良識の人と言われている）
※ a man of ability（有能の士）や a man of few words（無口な男）や a man of his word（約束を破らない男）などと同様の型。

- withstand an earthquake of magnitude 8.5（マグニチュード8.5の地震に耐える）
※「地震」と「マグニチュード」は不可分の関係。

- suffer a loss of hundred million yen（1億円の損害を被る）
※「損害」=「1億円」ということ。ex. a speed of 200 km「200キロのスピード」

- receive a letter of 3rd March（3月3日付けの手紙を受け取る）
※ a letter of 日付 / a letter dated 日付、の型。

- eat vegetables in season（旬の野菜を食べる）
※ in season は out of season（季節外れの）と対で覚える。

☆一口コメント☆　「札幌の男」は「札幌に住んでいる」という意味なら a man (living) in Sapporo、「札幌に所属している」という意味なら a man of Sapporo、「札幌出身の」という意味なら a man from Sapporo です。

- buy a poster of a famous star（有名スターのポスターを買う）
※ a photo of my dog（愛犬の写真）や a portrait of my father（父の肖像画）とともに覚えよう。

第4章 「の」

717. 恋人の写真を持ち歩く＝carry a photo (　　　) one's girlfriend

718. 船の絵を描く＝paint a picture (　　　) a ship

719. 夏目漱石の『こころ』を読む＝read *Kokoro* (　　　) Natsume Souseki

720. ビートルズの『イエスタデー』を歌う＝sing *Yesterday* (　　　) the Beatles

721. NHKの調査によると＝according to a survey (　　　) NHK

722. 日銀の発表を信じる＝believe the announcement (　　　) the Bank of Japan

723. 車の排気ガス＝exhaust (　　　) the car

724. 改善の余地を認める＝admit room (　　　) improvement

主体・主題　その2

725. 事故の原因を究明する＝investigate the cause (　　　) the accident

726. 山田先生の代講をする＝serve as a substitute (　　　) Mr. Yamada

主体・主題　その2

- carry a photo of one's girlfriend [boyfriend]（恋人の写真を持ち歩く）
※ a poster of a famous star（有名スターのポスター）と同じ型。

- paint a picture of a ship（船の絵を描く）
※ a poster of a famous star と同様に of のあとは描く対象が来る。

- read *Kokoro* by Natsume Souseki（夏目漱石の『こころ』を読む）
※ *Kokoro* written by Natsume Souseki から written が省略されたと考える。

- sing *Yesterday* by the Beatles（ビートルズの『イエスタデー』を歌う）
※ *Yesterday* sung by the Beatles から sung が省略されたと考える。

- according to a survey by NHK（NHK の調査によると）
※ a survey conducted by NHK（NHK によって行われた調査）から conducted が省略されたと考える。

- believe the announcement from the Bank of Japan（日銀の発表を信じる）
※「日銀からの発表」ということ。the announcement coming from the Bank of Japan から coming が省略されたと考えてもよい。

- exhaust (fumes) from the car（車の排気ガス）
※「車からの排気ガス」と考える。ex. smoke from the chimney「煙突の煙」

- admit room for improvement（改善の余地を認める）
※「改善へ向かう余地」ということ。ex. room for discussion「検討の余地」

☆一口コメント☆　「スヌーピーのTシャツ」は a T-shirt with Snoopy on it のように表現します。「恋人の写真」などと違い、「Tシャツ」「ハンカチ」「タオル」などは本来そこに何かを描くものではないので of は用いません。名詞＋with＋表現物＋on it の型も覚えておくといいでしょう。

- investigate the cause of the accident（事故の原因を究明する）
※ the cause for the accident だと「事故の（＝に対する）根拠」の意味になる。ex. have no cause for complaint「文句のいわれはない」

- serve as a substitute for Mr. Yamada（山田先生の代講をする）
※「山田先生の代理として務める」ということ。「交換」の for を用いる。

727. 投手の代打に出る＝pinch-hit (　　　) the pitcher

728. 言語学の論文を読む＝read a paper (　　　) linguistics

729. ドイツ文学の権威に問い合わせる＝refer to an authority (　　　) German literature

730. 需要と供給の法則に従う＝obey the law (　　　) supply and demand

731. アジアの歴史を読み直す＝read the history (　　　) Asia again

対象　その1

732. 飲料水の需要を満たす＝meet the demand (　　　) drinking water

733. 事故の目撃者を探す＝search for a witness (　　　) the accident

734. 脳の研究に従事する＝engage in the study (　　　) the brain

735. 老後の備えについて話す＝talk about the provisions (　　　) old age

736. サンフランシスコ便のチェックインをする＝check in (　　　) the flight to San Francisco

pinch-hit for the pitcher（投手の代打に出る）
※「交換」の for を用いる。pinch-hit は go to bat と言い換えられる。cf. go to bat for Obama「オバマを熱狂的に支持する」

・read a paper on［about］linguistics（言語学の論文を読む）
※「言語学に関する論文」ということ。特に on に要注意。

・refer to an authority on German literature（ドイツ文学の権威に問い合わせる）
※「ドイツ文学に関する権威」ということ。about だと「権威」という言葉の重さと比較して軽くなる。

・obey the law of supply and demand（需要と供給の法則に従う）
※「需要と供給」の順番に注意。cf. the law of gravity「重力の法則」

・read the history of Asia again（アジアの歴史を読み直す）
※「〜の歴史」の「の」は of で the history of 〜 が基本である。

☆一口コメント☆　「供給と需要の法則」と同じで「重力の法則」の「の」も of で the law of gravity ですが、「オームの法則」や「ボイルの法則」は発見者の名前ですから「の」は of ではなく、Ohm's law や Boyle's law となります。

・meet the demand for drinking water（飲料水の需要を満たす）
※「飲料水を求める需要」ということ。

・search for a witness to the accident（事故の目撃者を探す）
※「事故に対する目撃者」ということ。ex. the witness to the will「遺言書の立会人」

・engage in the study of the brain（脳の研究に従事する）
※「研究分野」が来る場合は the study of 〜 が基本の型。

・talk about the provisions for old age（老後の備えについて話す）
※「老後のための備え」ということ。provide for old age（老後に備える）がもとになっている。

・check in for the flight to San Francisco（サンフランシスコ便のチェックインをする）
※ for なしで check in the flight to 〜 としてもよい。

第4章 「の」

737. 成功の秘訣を伝授する＝teach the secret (　　) success

738. 成功のカギを語る＝talk about the key (　　) success

739. コンサートのチケットを予約する＝book a ticket (　　) the concert

740. 人権の侵害につながる＝lead to a violation (　　) human rights

対象　その2

741. 真理の探究を楽しむ＝enjoy the pursuit (　　) the truth

742. 遅刻の理由を彼に告げる＝tell him a reason (　　) being late

743. イギリスのEUの加入を求める＝seek Britain's entry (　　) the European Union

744. 博物館の入場料を上げる＝raise the admission (　　) the museum

・teach the secret of[to] success（成功の秘訣を伝授する）
※ the secret of 〜 が基本だが、to が用いられることもある。

・talk about the key to success（成功のカギを語る）
※ the key to my apartment（私のアパートのカギ）と同じように考えてよい。

・book a ticket for the concert（コンサートのチケットを予約する）
※「コンサート会場に入る権利と交換できるチケット」ということ。

・lead to a violation of human rights（人権の侵害につながる）
※ violate human rights（人権を侵害する）を violation を中心に名詞句にまとめたもの。

☆一口コメント☆ 「成功の秘訣」は the secret of success ですが、「成功に向かうための秘密」といった意味にしたければ、the secret to success でもかまいません。ちなみに、マイケル・J・フォックス主演のアメリカ映画『摩天楼はばら色に』の原題は the Secret of My Success です。

・enjoy the pursuit of the truth（真理の探究を楽しむ）
※ pursue the truth（真理を追求する）を名詞句にした表現。

・tell him a reason for being late（遅刻の理由を彼に告げる）
※「〜の理由」の「の」は ① 前置詞 for、② to 動詞、③ why SV となる。

・seek Britain's entry into the European Union（イギリスの EU の加入を求める）
※ EU という「枠」の外から中へ入るということ。

・raise the admission to the museum（博物館の入場料を上げる）
※この admission は「入場料」の意味で、「入場許可」の場合は into が使われる場合もある。
　ex. admission to[into] the club「クラブへの入会許可」

☆一口コメント☆ 「昨夜の試合」は last night's game とするか、a[the] game last night とします。冠詞の有無に注意しましょう。

健康 その1

745. 盲腸炎の手術を受ける＝have an operation (　　) appendicitis

746. ガンの撲滅運動を始める＝start a crusade (　　) cancer

747. 花粉症の治療法を探す＝look for a treatment (　　) hay fever

748. インフルエンザの予防注射を受ける＝have the preventive injection (　　) the flu

749. 高血圧の薬を飲む＝take medicine (　　) one's blood pressure

750. 健康診断の結果をもらう＝get the results (　　) the medical check

751. ベトナム戦争の後遺症を克服する＝overcome the hangover (　　) the Vietnam War

752. 胸部のレントゲン写真を見る＝look at an X-ray (　　) the chest

753. この解熱剤の副作用を確かめる＝confirm the side effects (　　) this medicine for fever

健康　その1

- have an operation for appendicitis（盲腸炎の手術を受ける）
※「盲腸炎のための手術」ということ。cf. have an operation on one's nose「鼻の手術を受ける」

- start a crusade against cancer（ガンの撲滅運動を始める）
※ fight against ～（～と戦う）をもとにして考える。cf. a crusade for women's rights「女性権運動」

- look for a treatment for hay fever（花粉症の治療法を探す）
※「花粉症のための治療法」ということ。

- have the preventive injection against the flu（インフルエンザの予防注射を受ける）
※ fight against ～（～と戦う）をもとに覚えよう。名詞＋名詞の形も可能。ex. get a flu shot「インフルエンザの注射を受ける」

- take medicine for one's blood pressure（高血圧の薬を飲む）
※「高血圧のための薬」ということ。

- get the results of the medical check [examination]（健康診断の結果をもらう）
※ the result(s) of ～ はセットで覚える。ex. the results [outcome] of the election「選挙結果」

- overcome the hangover from the Vietnam War（ベトナム戦争の後遺症を克服する）
※ the hangover resulting from ～（～から生じた後遺症）から resulting が省略されたと考える。

- look at an X-ray of the chest（胸部のレントゲン写真を見る）
※ a picture of the girl（その少女の写真）をもとにして考える。

- confirm the side effects of this medicine for fever（この解熱剤の副作用を確かめる）
※ the result of ～（～の結果）をもとにして考える。cf. the effects of late nights「夜ふかしの影響［結果］」

☆一口コメント☆　a treatment for ～（～の治療法）、an operation for ～（～の手術）、medicine for ～（～の薬）で for が用いられることは、医療の本意である「患者のために」と重ね合わせて覚えてください。

健康 その2

754. 右目の視力を失いかける＝almost lose one's vision (　　) one's right eye

755. はしかの初期症状が出る＝show the early symptoms (　　) measles

756. 足首の腫れがひく＝the swelling (　　) one's ankle goes down

757. 脳の血管が詰まるのを防ぐ＝prevent the blood vessels (　　) the brain from clogging

758. 血糖値の上昇を防ぐ＝prevent the rise (　　) the blood sugar level

759. アドレナリンの分泌を促進する＝promote the secretion (　　) adrenalin

760. 脚の骨折を防ぐ＝prevent a fracture (　　) the leg

健康　その２

- almost lose one's vision in one's right eye（右目の視力を失いかける）
※「視力」は「目」の属性ではないので、of より in がよい。

- show the early symptoms of measles（はしかの初期症状が出る）
※ a symptom of ～（～の兆候、～のきざし）はセットで覚えよう。ex. symptoms of inflation「インフレのきざし」

- the swelling on one's ankle goes down（足首の腫れがひく）
※「足首」に「腫れ」が乗っているようなイメージ。

- prevent the blood vessels in the brain from clogging（脳の血管が詰まるのを防ぐ）
※「脳」という「入れ物」の中に「血管」が走っているというイメージ。

- prevent the rise in the blood sugar level（血糖値の上昇を防ぐ）
※「血糖値における上昇」ということ。

- promote the secretion of adrenalin（アドレナリンの分泌を促進する）
※ secrete adrenalin（アドレナリンを分泌する）が名詞句化したもの。

- prevent a fracture of the leg（脚の骨折を防ぐ）
※ fracture the leg（脚を骨折する）が名詞句化したもの。

☆一口コメント☆　「初対面の人」を表現する場合、「初対面」と「人」をつなげるのではなく、「私が初めて会う人」と考えて someone[a person] I meet for the first time と表現します。

第5章 「が」

英語には日本語の助詞に当たるものはなく、名詞が主語の位置にあることで日本語の「〜が」の意味が示されます。ここでは、主語以外の「〜が」を集めているので、「〜が」が必ずしも英語の主語になるのではないことを実感してください。

前置詞の目的語・その1　＊out of が入る（　　）あり。

761. ビタミンCが豊富な食べ物＝the food rich（　　）Vitamin C

762. 天然資源が乏しい島国＝an island country lacking（　　）natural resources

763. 息が切れている＝be（　　）breath

764. 在庫が切れている＝be（　　）stock

765. 時間がなくなる＝run（　　）time

766. 堪忍袋の緒が切れる＝run（　　）patience

767. 浮き沈みがない人生＝a life free（　　）ups and downs

768. お金がかからない＝be free（　　）charge

前置詞の目的語・その1

・the food rich in Vitamin C（ビタミンCが豊富な食べ物）
※「ビタミンCにおいて豊かな」ということ。cf. This river abounds in[with] fish.「この川には魚がいっぱいいる」

・an island country lacking in natural resources（天然資源が乏しい島国）
※「天然資源において欠けている」ということ。

・be out of breath（息が切れている）
※「〜から外にある」→「〜と関係が持てない、〜が（でき）ない」ということ。

・be out of stock（在庫が切れている）
※「〜から外にある」→「〜と関係が持てない、〜がない」ということ。

run out of time（時間がなくなる）
※ run out of 〜 で「〜を使い果たす、〜を切らす」の意味。cf. run short of gas「ガソリンが不足する」

・run out of patience（堪忍袋の緒が切れる）
※「我慢を使い切る」ということ。

・a life free of ups and downs（浮き沈みがない人生）
※ free の基本意味は「〜（との関わり）がない」で、「何がないか」を of で示す。

・be free of charge（お金がかからない）
※これも「何がないか」を of の後ろで示す。cf. free of tax「税金がかからない」/ a duty-free article「免税品」

☆一口コメント☆　be out of breath（息が切れている）は「息という世界の外にいる」ということです。発想が面白いですね。

第5章 「が」

前置詞の目的語・その2

769. 風邪が治る＝get（　　）one's cold

770. 病気が回復する＝recover（　　）a disease

771. 体調がいい＝be（　　）shape

772. 発疹が出る＝break out（　　）a rash

773. この薬が効く＝respond（　　）this drug

774. 腰が痛い＝have a pain（　　）one's lower back

775. 不況が襲ってきそうだ＝be in（　　）the recession

776. 運転がしてみたい気になる＝feel up（　　）driving

前置詞の目的語・その3　＊out ofが入る（　　）あり。

777. 仕事が終わる＝be through（　　）one's work

・get over one's cold（風邪が治る）
※「風邪を乗り越える」ということ。

・recover from a disease（病気が回復する）
※「病気から回復する」ということ。suffer from a disease（病気で苦しむ）との関連で覚えるとよい。

・be in shape（体調がいい）
※ in good shape の good が省略されたもの。cf. be in bad shape「体調が悪い」

・break out in a rash（発疹が出る）
※「人」を主語にすることを押さえれば、in の基本訳「～において」で解釈できる。

・respond to this drug（この薬が効く）
※「この薬に反応する」ということ。主語には「病気、傷」も「患者」も可能。

・have a pain in one's lower back（腰が痛い）
※「腰において痛みがある」ということ。

・be in for the recession（不況が襲ってきそうだ）
※ be in something for ～「～に向かう何かの中にいる」→「驚くこと・いやなことなどに出会いそうである」から something がなくなったと考えるといいだろう。

・feel up to driving（運転がしてみたい気になる）
※「運転するところまでの気分になる」→「運転できそうだからしたい気になる」ということ。

☆一口コメント☆　have a pain in one's lower back（腰が痛い）のような have＋名詞＋場所は応用範囲が広いので、ぜひ使えるようになってください。ex. What does he have in mind?「彼は何を考えているんだ」

・be through with one's work（仕事が終わる）
※「仕事に関して最初から最後まで通ってしまう」ということ。through＝「通」「終」

第5章 「が」

778. 主人公がどうなったか知りたい＝want to know what has become（　　）the hero

779. 私がおごる＝be（　　）me

780. つめを噛むくせがつく＝get（　　）the habit of biting nails

781. つめを噛むくせがなくなる＝get（　　）the habit of biting nails

782. 良い考えが浮かぶ＝come（　　）a good idea

783. 良い考えが浮かぶ＝come up（　　）a good idea

784. くじ運がいい＝be lucky（　　）lotteries

785. 賞味期限が過ぎている＝be（　　）its best-before date

786. 名前が知られている＝be known（　　）name

787. 職業が医者だ＝be a doctor（　　）profession

前置詞の目的語・その3

- want to know what has become of the hero（主人公がどうなったか知りたい）
※ become of ～ は疑問詞 what を主語にして「～はどうなるか」の意味。become something of ～（～から何かになる）の something が what になって、「～から何になったか」→「～がどうなったか」と考えるといいだろう。

- be on me（私がおごる）
※「私の負担である」ということ。

- get into the habit of biting nails（つめを噛むくせがつく）
※「くせという枠の中に入る」ということ。

- get out of the habit of biting nails（つめを噛むくせがなくなる）
※ get into the habit of Ving と対で覚えよう。

- come across a good idea（良い考えが浮かぶ）
※ come across ～ は「～を横切って来る」→「～に偶然出くわす」→「考えなどが浮かぶ」の意味になる。

- come up with a good idea（良い考えが浮かぶ）
※「良いアイデアとともに現れる」ということ。

- be lucky in lotteries（くじ運がいい）
※「くじにおいて幸運である」ということ。

- be past its best-before date（賞味期限が過ぎている）
※ ride past one's station（駅を乗り過ごす）をもとに考える。

- be known by name（名前が[は]知られている）
※ know A by name「Aのことは名前によって知っている」→「Aは名前は知っている」の受動態。ex. know him by face「彼は顔は知っている」

- be a doctor by profession（職業が[は]医者だ）
※「職業（という基準）によると」ということ。

☆一口コメント☆ 「AがBだ」というと、A is B. で表現したくなりますが、たとえば、「日本はアジアだ」は(×)Japan is Asia. ではなく Japan is in Asia. と前置詞が必要です。また、やさしい前置詞ほど多様な表現方法があるので、できるだけたくさん覚えてください。

第6章 「と」

with の基本訳は、①「～と一緒に」、②「～に関して」、③「～を持って」です。日本語の「～と」は ① に当たる場合が多く、「～と仲良くなる」や「～とけんかする」などといった「～と」は with を用います。with は人間関係と密接な関係があります。もちろん「～と」が必ず with ～ になるわけではありません。with は双方向的な関係になるのに対して、to は一方的な関係、against は反発力を伴う双方向だが一方的に近い関係になる点に注意してください。

人間関係

788. 隣りの人と友だちになる＝make friends (　　) one's next-door neighbor

789. 幼なじみと結婚する＝get married (　　) one's childhood friend

790. 上司と衝突する＝come into conflict (　　) one's boss

791. 弁護士と交渉する＝negotiate (　　) the lawyer

792. 家主と契約する＝contract (　　) the landlord

793. 国務長官と会談する＝meet (　　) the Secretary of State

794. カナダ人の学生と文通する＝correspond (　　) a Canadian student

人間関係

- make friends with one's next-door neighbor（隣りの人と友だちになる）
※人間関係の基本を表す with を用いる。

- get married to one's childhood friend（幼なじみと結婚する）
※もともとは marry A to B で「(第三者が)A を B と結婚させる」の意味。get married to ～ はこれが受動態になったもの。

- come into conflict with one's boss（上司と衝突する）
※「衝突」も人間関係である。to だと一方的な関係になるのでおかしい。

- negotiate with the lawyer（弁護士と交渉する）
※ negotiate with A on[over/about] B（A と B について交渉する）の型。

- contract with the landlord（家主と契約する）
※ contract with A for B（A と B の契約をする）という型。ex. contract with the dealer for the new car「販売店と新車の契約をする」

- meet with the Secretary of State（国務長官と会談する）
※ meet は「～に会う」だが、meet with ～ は「(予め時間や場所などを決めて)～と会談する」の意味になる。

- correspond with a Canadian student（カナダ人の学生と文通する）
※双方向の関係なのでwithを用いる。「文通する」からわかるように堅い表現。cf. correspond to ～「～に一致する」

第6章 「と」

795. 彼と意見が合う ＝ see eye to eye (　　) him

796. 彼と仲たがいする ＝ fall out (　　) him

797. 彼と仲直りする ＝ make up (　　) him

798. 政界の実力者たちとつき合う ＝ associate (　　) influential people in politics

事物関係

799. あなたと異なる意見を持っている ＝ have an opinion different (　　) yours

800. 自分の解答を正解と照らし合わせる ＝ check one's answers (　　) the correct answers

801. 翻訳を原文と照らし合わせる ＝ compare the translation (　　) the original

802. 彼のお兄さんを彼と見間違う ＝ take his brother (　　) him

803. トラックと衝突する ＝ collide (　　) a truck

804. オリンピックの開会式と重なる ＝ coincide (　　) the opening ceremony of the Olympics

事物関係

・see eye to eye with him（彼と意見が合う）
※双方向の関係になっている。

・fall out with him（彼と仲たがいする）
※人間関係の with を用いる。

・make up with him（彼と仲直りする）
※ fall out with ～（～と仲たがいする）と対で覚えよう。

・associate with influential people in politics（政界の実力者たちとつき合う）
※双方向の関係を持つということ。cf. go out with ～「異性とつき合う」

☆一口コメント☆　なぜ get married のあとが with ～ でなく to ～ になるのか不思議に思う人のいるかもしれません。これは昔の結婚制度などを考慮して納得するしかないでしょう。

・have an opinion different from yours（あなたと異なる意見を持っている）
※ yours は your opinion のことなので、「あなたの意見から隔たりがある意見」ととれる。

・check one's answers against the correct answers（自分の解答を正解と照らし合わせる）
※「自分の解答」→「正解」というように、「正解」は絶対的なもので一方的な関係にあることから with ではなく against になる。

・compare the translation with the original（翻訳を原文と照らし合わせる）
※ compare A with B で「A を B とを相互に比較する」ということ。cf. compare books to friends「本を友人にたとえる」

・take his brother for him（彼のお兄さんを彼と見間違う）
※ take A for B で「A を B だと思う」ということ。「交換」の for と考えればよい。

・collide with a truck（トラックと衝突する）
※「衝突する」は双方向の関係。

・coincide with the opening ceremony of the Olympics（オリンピックの開会式と重なる）
※「～とともに起こる」ということ。

第6章 「と」

☆一口コメント☆　人間関係以外でも、双方向の関係にあるものは with が用いられることがわかったかと思います。「A が B とぶつかった」は A collided with B. ですが、「A が壁に [と] ぶつかった」なら A collided against the wall. になります。

第7章 「から」

「～から」に当たる前置詞は from が中心ですが、もちろんそれだけではありません。それぞれの前置詞の基本意味から考えるようにしてください。

場所

805. 東京から大阪へ移動する＝move (　　　) Tokyo to Osaka

806. 壁から剥がれ落ちる＝fall (　　　) the wall

807. プラットフォームから落ちそうになる＝almost fall (　　　) the platform

808. 脱線する＝run (　　　) the rails

809. 太陽は東から昇る＝The sun rises (　　　) the east.

810. 第2章から始める＝start (　　　) Chapter 2

811. 歌を歌うことから始める＝start (　　　) singing

812. 駅から5分以内のレストラン＝a restaurant within ten minutes' walk (　　　) the station

813. 親から独立している＝be independent (　　　) one's parents

場所

- move from Tokyo to Osaka（東京から大阪へ移動する）
※ from A to B（AからBまで）は from の使い方の基本。cf. from the cradle to the grave「揺りかごから墓場まで」

- fall off the wall（壁から剥がれ落ちる）
※ on と off の対の関係からわかる。be on the wall（壁についている）→ fall off the wall（壁から離れて落ちる）ということ。

- almost fall off the platform（プラットフォームから落ちそうになる）
※ stand on the platform（プラットフォームに立つ）→ fall off the platform（プラットフォームから落ちる）ということ。

- run off the rails（脱線する）
※ on the rail「レールに乗って」→ off the rail「レールからそれて（derail）」ということ。

- The sun rises in the east.（太陽は東から昇る）
※「東方において昇る」ということ。ex. The wind is in the east.「風は東から吹いている」

- start with Chapter 2（第2章から始める）
※「〜と一緒に始める」ということ。

- start by singing（歌を歌うことから始める）
※ start with 名詞と start by 動名詞とを区別しよう。

- a restaurant within ten minutes' walk of the station（駅から5分以内のレストラン）
※ within A of B（BからA以内）はセットで覚えよう。

- be independent of one's parents（親から独立している）
※ be dependent on 〜（〜に依存している）→ be independent of 〜（〜から独立している）ということ。on と off ではなく、on と of が対になった例。

814. リストから彼の名前をはずす＝leave his name (　　　) the list

対象・原因　＊out of が入る(　　　)あり。

815. このビジネスから手を引く＝back away (　　　) this business

816. 政界から足を洗う＝wash one's hands (　　　) politics

817. 経済的な視点から見ると＝(　　　) an economic point of view

818. 彼の発言から判断すれば＝(　　　) what he says

819. 先発投手からホームランを打つ＝hit a homerun (　　　) the starting pitcher

820. 電車から降りる＝get (　　　) the train

821. 好奇心からその箱を開ける＝open the box (　　　) curiosity

対象・原因

・leave his name off the list（リストから彼の名前をはずす）
※ A is on the list.（A がリストに載っている）→ leave A off the list（A をリストからはずす）ということ。

☆一口コメント☆　independent のあとは of ～ が基本ですが、from ～ が使われることもあります。特に名詞 independence が the independence of India from Britain（インドの英国からの独立）のようになれば、from を使います。

・back away from this business（このビジネスから手を引く）
※「このビジネスから後ろにしりぞく」ということ。ex. back away from the fierce dog「猛犬から後ずさりする」

・wash one's hands of politics（政界から足を洗う）
※ wash one's hands of ～（～と手を切る、～と関係を断つ）は聖書に由来する。

・from an economic point of view（経済的な視点から見ると）
※ from a ～ point of view はセットで覚えよう。

・from what he says（彼の発言から判断すれば）
※ judging from what he says の judging が省略されたもの。

・hit a homerun off the starting pitcher（先発投手からホームランを打つ）
※「先発投手からホームランをうばう」と言うが、この感じが off で表現される。

・get off the train（電車から降りる）
※ get on the train（電車に乗る）→ get off the train（電車から降りる）ということ。

・open the box out of[from] curiosity（好奇心からその箱を開ける）
※「好奇心」を空間的なものととらえている。

☆一口コメント☆　out of curiosity「好奇心から」/ out of kindness「親切心から」/ out of ignorance「無知から、無知のために」/ out of mischief「いたずら心から、いたずらで」/ out of necessity「必要から、必要上」はまとめて覚えましょう。

時間

822. 5時から7時までバイトする＝work part-time (　　) 5:00 to 7:00

823. 水曜日から始まる＝start (　　) Wednesday

824. 6時から始まる＝start (　　) 6:00

825. 子どものときから知っている友人＝a friend I have known (　　) I was a child

826. 会議を金曜まで延期する＝put off the meeting (　　) Friday

・work part-time from 5:00 to 7:00（5 時から 7 時までバイトする）
※時間や場所で from を使うときは to ～（～まで）が前提としてある。

・start on Wednesday（水曜日から始まる）
※通常の曜日の示し方。「始まる時点が水曜日である」ということ。

・start at 6:00（6 時から始まる）
※通常の時刻の示し方。「始まる時点が 6 時である」ということ。

・a friend I have known since I was a child（子どものときから知っている友人）
※「私が子どもだったとき以来ずっと現在まで」ということで、現在完了と since はセットで理解する。

・put off the meeting until［till］Friday（会議を金曜まで延期する）
※ put off A until［till］B（A を B まで延期する）はセットで覚える。

☆一口コメント☆　人間の認識のしくみからか、時間と場所が同じように表現されることがあります。here は「ここで」といった場所の意味のほか、「この時点で」という時間の意味でも使われます。from A to B も同様です。

第8章 「中(ちゅう)」

ここからは助詞ではありませんが、漢字と前置詞の対応関係を見ていきます。本章では「中(ちゅう)」という漢字に対応する前置詞を取り上げます。

生活と人生　＊out of が入る(　)あり。

827. 食事中＝(　) the table

828. 運転中＝(　) the wheel

829. ダイエット中＝(　) a diet

830. 旅行中＝(　) a trip

831. ストライキ中＝(　) strike

832. 仕事中＝(　) work

833. 就業中＝(　) work

834. 失業中＝(　) work

835. 妊娠中＝(　) the family way

836. 留守中＝(　) one's absence

生活と人生

- at the table（食事中）
※「テーブルのところにいて」ということで、the は省略できる。

- at the wheel（運転中）
※「ハンドルのところにいて」ということ。

- on a diet（ダイエット中）
※「ダイエットの途中にあって」ということ。diet を動詞で用いて be dieting でも同じ意味。
cf. go on a diet「ダイエットを始める」

- on a trip（旅行中）
※「旅行の最中で」ということ。cf. go on a trip「旅に出る（＝旅を始める）」

- on strike（ストライキ中）
※「ストの最中で」ということ。ex. On Strike「スト決行中」

- at work（仕事中、勉強中）
※「仕事に集中して」ということ。

- in work（就業中）
※「仕事の状態にあって」ということ。

- out of work（失業中）
※「仕事の状態からはずれて」ということ。

- in the family way（妊娠中）
※「家族を作る道の途中で」ということ。口語的に使う。

- in［during］one's absence（留守中）
※「不在の状態にあって」「不在のあいだ」ということ。

第8章 「中(ちゅう)」

837. 電話中＝(　　　) the phone

838. 禁酒中＝(　　　) the wagon

839. 勤務時間中＝(　　　) duty

840. 警戒中＝(　　　) the alert

841. 服役中＝(　　　) bars

842. 逃走中＝(　　　) large

843. 帰宅途中＝(　　　) one's way home

844. 産休中＝(　　　) maternity leave

出来事と事象　*out of が入る(　　　)あり。

845. 進行中＝(　　　) way

846. 進行中＝(　　　) progress

847. 増加中＝(　　　) the increase

・on the phone（電話中）
※「(声が)電話の上に乗って」ということ。cf. talk on the phone「電話で話す」

・on the wagon（禁酒中）
※「給水車の上に乗って(＝酒でなく水を飲んで)」ということ。cf. off the wagon「禁酒を破って」

・on duty（勤務時間中）
※「勤務の最中で」ということ。cf. go on business「出張で行く」

・on the alert（警戒中）
※「警戒の最中で」ということ。定冠詞 the の有無に注意しよう。

・behind bars（服役中）
※「柵の後ろで」ということ。口語的に使う。

・at large（逃走中）
※「まだおおづかみで」→「とらえられないで」ということ。cf. the people at large「一般国民」

・on one's way home（帰宅途中）
※「家への進路を動いていて」ということ。

・on maternity leave（産休中）
※「妊娠休暇の最中で」ということ。cf. on leave「休暇中」

☆一口コメント☆　前置詞の基本意味と名詞の組み合わせでとらえるようにすると覚えやすくなります。

・under way（進行中）
※ under way for ～(～への道の途中で)ということ。cf. in the way「邪魔になって」

・in progress（進行中）
※「進行状態にあって」ということ。cf. the matter in hand（検討中の事案）

・on the increase（増加中）
※「増加の最中にあって」ということ。

第8章 「中(ちゅう)」

848. 検討中＝(　) consideration

849. 製造中＝(　) the making

850. 故障中＝(　) order

851. 捜査中＝(　) investigation

852. 展示中＝(　) display

853. 建設中＝(　) construction

854. 修理中＝(　) repair

855. 使用中＝(　) use

856. 放送中＝(　) air

857. 冬眠中＝(　) hibernation

・under consideration（検討中）
※「検討行為に支配されていて」、つまり「検討終了にまだ達していないで」ということ。

・in the making（製造中）
※「製造状態にあって」ということ。ex. a doctor in the making「医者のたまご」

・out of order（故障中）
※「秩序の外に出て」ということ。ex. OUT OF ORDER「（自動販売機などが）故障中」

・under investigation（捜査中）
※「捜査完了にまだ達していない」、つまり「捜査が行われている」ということ。

・on display（展示中）
※「展示の最中で」ということ。

・under construction（建設中）
※「建設完了にまだ達していないで（＝その下にあって）」ということ。be under construction＝be being built となる。

・under repair（修理中）
※「修理完了にまだ達していないで（＝その下にあって）」ということ。

・in use（使用中）
※「使用状態にあって」ということ。of no use＝useless（無益な）の of と混同しないこと。

・on (the) air（放送中）
※「（電波が）空気に乗って」ということ。cf. off (the) air「放送されていない、放送が終了している」

・in hibernation（冬眠中）
※「冬眠状態にあって」ということ。cf. go into hiberation「冬眠に入る」

☆一口コメント☆　「中」に対する in、on、under などの使い分けで改めてそれぞれの前置詞の基本意味を確認しましょう。

第9章 「に対する」

本章では「〜に対する」に対応する前置詞を考えます。代表的な前置詞は to と against です。両者の違いをどう理解すればよいかを中心に、「〜に対する」に当たるその他の前置詞についても考えましょう。

858. 1対0で負ける＝lose 1 (　　　) 0

859. 男性に対する偏見がある＝have a prejudice (　　　) men

860. 与党に対する支配＝the control (　　　) the ruling party

861. 暗闇に対する恐怖＝the fear (　　　) the darkness

862. 豊臣軍に対する攻撃をしかける＝make an assault (　　　) the Toyotomis

863. 親に対する侮辱＝an insult (　　　) one's parents

864. 人間の生存に対する脅威＝a threat (　　　) human existence

865. 政府に対して訴訟を起こす＝file a suit (　　　) the government

866. ドルに対して2円円高になる＝rise (　　　) the dollar by two yen

867. 輸入品に対する規制を強める＝tighten the regulations (　　　) imports

868. 年長者に対して敬意を持っている＝have respect (　　　) the elderly

・lose 1 to 0（1対0で負ける）
※「0点に対して1点」ということ。

・have a prejudice against men（男性に対する偏見がある）
※ prejudice against ～ をセットで覚えよう。cf. prejudice in favor of ～「～に対するひいき」

・the control over the ruling party（与党に対する支配）
※「～全体に及ぶ支配権」ということ。the control over ～ をセットで覚える。

・the fear of the darkness（暗闇に対する恐怖）
※ fear the darkness（暗がりを怖がる）が名詞句化したもの。

・make an assault on the Toyotomis（豊臣軍に対する攻撃をしかける）
※ make an assault on ～（～に襲いかかる）をセットで覚えよう。

・an insult to one's parents（親に対する侮辱）
※「親に向けた侮辱」ということ。

・a threat to human existence（人間の生存に対する脅威）
※「人間の生存に向けられた恐怖」ということ。

・file a suit against the government（政府に対して訴訟を起こす）
※訴訟の場合は相手も応酬してくるような力が働くので against（→ ←）がよい。

・rise against the dollar by two yen（ドルに対して2円円高になる）
※「円」と「ドル」との相互作用を against で示す。

・tighten regulations on imports（輸入品に対する規制を強める）
※「輸入品にかかる諸規制」ということ。cf. impose a tax on ～「～に税金をかける」

・have respect for the elderly（年長者に対して敬意を持っている）
※「～が主」を for で表す。cf. with respect to ～ / in respect of ～「～に関して」

869. 子どもに対するテレビの影響＝the effect of TV (on) children

・the effect of TV on children（子どもに対するテレビの影響）
※「子どもに与える影響」ということ。cf. the influence on ～「～に対する影響」

☆一口コメント☆　「～に対する」に対応する前置詞は to や against や for にほぼ絞られるので、それぞれの基本意味が押さえられていれば判断しやすいはずです。

第10章 「上下」

本章では漢字「上下」に当たる前置詞を取り扱います。「上」が on に当たる場合もありますが、それだけではありません。また、「下」には under が当たる場合が多いのですが、これもそれだけに限りません。

870. 屋根の上で眠っているネコ＝a cat sleeping (　　　) the roof

871. 5階上のオフィス＝the office five floors (　　　)

872. （アパートの）下の部屋の住人＝people living in the room (　　　)

873. 海抜100メートル＝100 meters (　　　) sea level

874. ひざ上2センチで＝2 centimeters (　　　) one's knees

875. 平均より上で＝(　　　) average

876. 零下2度＝two degrees (　　　) zero

877. わが家の上を飛んでいる飛行機＝a plane flying (　　　) our house

878. セーターの上にジャケットを着ている＝wear a jacket (　　　) one's sweater

879. 私の血圧は上が130で下が100だ＝My blood pressure is 130 (　　　) 100.

第10章「上下」

- a cat sleeping on the roof（屋根の上で眠っているネコ）
※「屋根に接触しているネコ」ということ。

- the office five floors above（5階上のオフィス）
※「接触」なく「上」ということなので above になる。five floors は above を修飾している副詞句。

- people living in the room below（下の部屋の住人）
※「接触」なく「下にある部屋」ということなので below で表す。cf. people living the room above「上の部屋の住人」

- 100 meters above sea level（海抜100メートル）
※「海面の100メートル上」ということ。cf. 100 meters below sea level「海面下100メートル」

- 2 centimeters above one's knees（ひざ上2センチで）
※「ひざの2センチ上」ということ。2 centimeters は above を修飾する副詞句。

- above average（平均より上で）
※ above と below を対で考える。cf. below average「平均より下で」

- two degrees below zero（零下2度）
※温度形をイメージすれば above と below の関係だとわかる。zero は省略することができる。

- a plane flying over our house（わが家の上を飛んでいる飛行機）
※「飛行機」に動きがあるから above ではなく over になる。

- wear a jacket over one's sweater（セーターの上にジャケットを着ている）
※「セーター」を覆う形で両者が接着している例。

- My blood pressure is 130/100（＝130 over 100）.（私の血圧は上が130で下が100だ）
※ 130/100 の読み方に注意。

第10章 「上下」

☆一口コメント☆ 「〜上の」「〜の上に」を意味する on、above、over の基本意味を具体的状況を踏まえて理解しておけばそれほど難しくありません。

第11章 「あいだ(間)」

「あいだ」と言えば、「東京と大阪のあいだ」のような場所を表すものと、「午後3時と4時のあいだ」のように時間を表すものがあります。

場所

880. 先妻とのあいだに娘がいる＝have a daughter (　　) my ex-wife

881. 大阪と神戸のあいだに住む＝live (　　) Osaka and Kobe

882. 日本人とアメリカ人の両親のあいだに生まれた子ども＝a child born (　　) Japanese and American parents

883. 群衆のあいだを走る＝run (　　) the crowd

884. 行間を読む＝read (　　) the lines

時間

885. 食間にこの薬を飲む＝take this medicine (　　) meals

- have a daughter by my ex-wife（先妻とのあいだに娘がいる）
※「(私と)先妻による娘」ということ。ex. a play by Shakespeare「シェイクスピアの戯曲」

- live between Osaka and Kobe（大阪と神戸のあいだに住む）
※２つのあいだは between を用いるのが基本。

- a child born of Japanese and American parents（日本人とアメリカ人の両親のあいだに生まれた子ども）
※「両者のあいだで(between them)」生まれたのではなく、「両者から(of them)」生まれたのだから between でなく、of になる。to も可能。

- run among the crowds（群衆のあいだを走る）
※３つ以上のものの「あいだ」は among を用いるのが基本。

- read between the lines（行間を読む）
※行と行のあいだなので between になる。「文章に書かれていないところまで読み取る」という意味の慣用表現。

☆一口コメント☆ among が one of the ～s（～の中の１つ）の意味になる場合があります。たとえば、a tree among the trees とすれば、「その木々のあいだの１本の木」→「木々の１本」になります。ex. He was among the winners.「彼は勝者の１人だった」

- take this medicine between meals（食間にこの薬を飲む）
※たとえば「朝食と昼食のあいだ」ということで２つのあいだの between を用いる。cf. To be taken between meals.「食間に服用のこと」

第 11 章 「あいだ(間)」

886. 長いあいだ彼に会っていない＝have not seen him (　　) ages

887. 休みのあいだに海外に行く＝go overseas (　　) the vacation

888. 私たちが会話しているあいだに＝(　　) the course of our conversation

889. 8 時と 9 時のあいだの列車に乗る＝take a train (　　) eight and nine

関係

890. あの夫婦間の相性＝the chemistry (　　) this couple

891. 懸賞金を 5 人のあいだで分ける＝divide the prize money (　　) the five

892. 日米韓間で調印された条約＝the treaty signed (　　) Japan, the U.S. and Korea

・have not seen him for ages（長いあいだ彼に会っていない）
※ ages で「長い時間」の意味。「2 年間」なら for two years になるので、ここでも for を用いる。「時期」を表す during にはできない。

・go overseas during the vacation（休みのあいだに海外に行く）
※「休みの期間に」ということ。

・in the course of our conversation（私たちが会話しているあいだに）
※ in the course of は 1 語で during と書き換えられる。

take a train between eight and nine（8 時と 9 時のあいだ[8 時台]の列車に乗る）
※「8 時台の」は between eight and nine と表現できる。

☆一口コメント☆　between は場所と時間で使えますが、among は時間については使うことができません。時間として「3 つ以上のあいだ」というものが想定しにくいからです。

・the chemistry between this couple（あの夫婦間の相性）
※ A と B の 2 つのものの「相性」なので between が用いられる。

・divide the prize money among the five（懸賞金を 5 人のあいだで分ける）
※ 3 つ以上のあいだなので among になる。cf. divide the cake into three「ケーキを 3 つに分ける」

・the treaty signed between Japan, the U.S. and Korea（日米韓間で調印された条約）
※日韓、日米、韓米という二者ずつの関係なので between になる。ex. the agreement between the six nations「六カ国間の合意」

☆一口コメント☆　between と among の区別が曖昧な表現に出会うこともあるでしょうが、自分が用いる場合は、ルールに忠実に使うことをおすすめします。

逆発想で身につく　前置詞トレーニング
<ruby>逆<rt>ぎゃく</rt></ruby><ruby>発想<rt>はっそう</rt></ruby>で<ruby>身<rt>み</rt></ruby>につく　<ruby>前置詞<rt>ぜんちし</rt></ruby>トレーニング

2011年4月25日　初版発行

●著　者●
鬼塚　幹彦
© Mikihiko Onizuka, 2011

●発行者●
関戸　雅男

●発行所●
株式会社　研究社
〒102-8152　東京都千代田区富士見2-11-3
電話　営業 03-3288-7777（代）
　　　編集 03-3288-7711（代）
振替　　　00150-9-26710
http://www.kenkyusha.co.jp/

KENKYUSHA
〈検印省略〉

●印刷所●
研究社印刷株式会社

●表紙デザイン・本文レイアウト●
寺澤　彰二

ISBN978-4-327-45238-4　C1082　Printed in Japan